KEIN
LIMIT

NOCH NICHT GENUG?

Folge uns auch auf Instagram!

@alexgiesecke

@nicoschork

#KEINLIMIT

KEIN LIMIT

2. Auflage - Dezember 2017

Für Fragen oder Anregungen: support@keinlimit.coach

Website: www.keinlimit.coach

DU BIST DER AUTOR
DEINES LEBENS.

Inhalt

DANKE

Es fühlt sich etwas komisch an die Dankesworte in der „wir"-Form zu schreiben, da wir weder die gleichen Eltern noch die gleichen Freundinnen haben. Da wir aber genau die gleichen Dankesworte an unsere Familie und Freunde richten können, bleibt es - wie auch im ganzen Buch - auch hier in der „wir"-Form :D

Wenn wir hier alle Personen erwähnen würden, denen wir danken müssten, dann wäre das Buch wahrscheinlich doppelt so lange. Ist wahrscheinlich ein Standard-Satz in jeder Dankesrede, aber jetzt wissen wir auch warum: Weil er einfach stimmt. Wir reduzieren deswegen die Dankesworte an die wirklich wichtigsten Personen.

Vielen Dank an unsere Eltern! Ihr habt die Grundlage für alles geschaffen, was wir heute sind und tun. Ihr seid zu 100% dafür verantwortlich, wo wir heute sind. Und das meinen wir komplett positiv. Danke von Herzen dafür. Danke, dass ihr uns immer unterstützt habt, egal welche verrückten Ideen wir hatten. Wir lieben euch!

Vielen Dank auch an unsere beiden wundervollen Freundinnen. Danke, dass ihr seit ein paar Jahren Teil in unserem Leben seid. Danke, dass ihr mit uns zusammen diese Reise geht. Es macht unglaublich viel Spaß und erst durch euch wurde unser Leben überhaupt vollständig. Wir lieben euch!

Danke auch an unser hammergeiles Team von TheSimpleClub. Wenn einer von euch das gerade liest: Danke, dass ihr zusammen mit uns den Weg eingeschlagen habt TheSimpleClub aufzubauen. Danke, dass ihr jeden Tag zu 100% mit voller Energie hinter der Vision steht. Es macht jeden Tag Spaß mit euch zu arbeiten! Wir bauen gerade zusammen was richtig fettes auf, es freut uns riesig, dass ihr Teil dieser Reise seid.

Dann noch Danke an alle anderen Personen, die uns unterstützen oder in der Vergangenheit unterstützt haben. Egal ob Freunde, Geschäftskollegen, Mentoren oder einfach nur Bekannte, die uns zum richtigen Zeitpunkt den richtigen Tipp geben konnten. Wenn einer das gerade liest: Du weißt ganz genau, dass wir dich meinen! Danke für Alles :-)

Und natürlich ganz wichtig: Danke an Dich! Seit der ersten Auflage dieses Buches bekommen wir täglich Nachrichten von Lesern. Seien es die Bewertungen des Buchs auf Amazon. Seien es Bilder auf Instagram, wie ihr KEIN LIMIT an geilen Orten lest. Oder seien es mehrere Seiten Text, mit Dankesworten und Geschichten, wie wir mit diesem Buch Leben positiv beeinflusst haben. Danke für dieses unfassbar krasse Feedback! Genau das motiviert uns jeden Tag aufzustehen und weiter an unseren Zielen zu arbeiten. Wir haben uns als Ziel gesetzt, dass KEIN LIMIT das Leben von tausenden von Jugendlichen positiv verändert. Es macht uns dankbar und glücklich, dass wir das damit erreicht haben. Wir wissen, dass so eine Unterstützung überhaupt nicht selbstverständlich ist. Deswegen an alle Leser, Supporter und Fans: Danke für Alles!

Und jetzt genug gelabert. Los geht's mit dem eigentlichen Buch!

Viel Spaß und vor allem: Viel Erfolg!

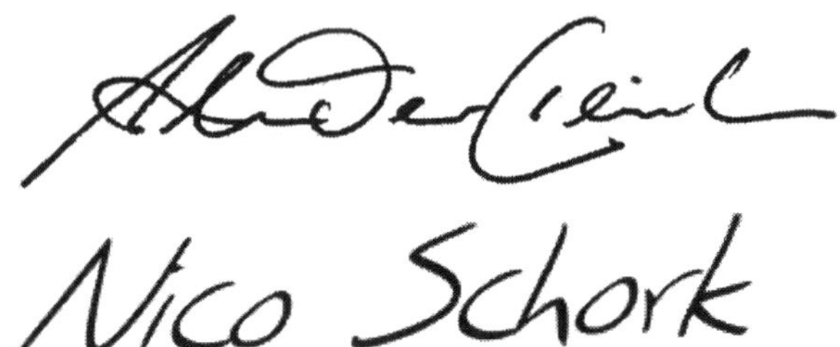

Alex & Nico

(04. Dezember 2017)

VORWORT

Moin du geile Drecksau!

Hammergeil, dass du hier bist, du hast gerade einen wichtigen Schritt gemacht, versprochen!

Dürfen wir uns kurz vorstellen?

Wir beide sind Alex & Nico, 22 Jahre alt und kommen ursprünglich aus einem kleinen Kaff in Süddeutschland. Mit 17 Jahren hatten wir die Idee unser erstes Unternehmen zu gründen: TheSimpleClub. Mit 50€ Investment von unseren Eltern haben wir das inzwischen zum reichweitenstärksten Anbieter für Online-Nachhilfe in Europa aufgebaut. TheSimpleClub ist ein Unternehmen mit 28 Mitarbeitern und wir wurden schon für etliche Preise, wie den Emmy oder die Goldene Kamera nominiert.

In den letzten Jahren haben wir beide extrem viel Erfahrung gesammelt. Wir haben krasse Persönlichkeiten kennengelernt und viele Bücher zu Themen wie Persönlichkeitsentwicklung, Zielsetzung und Motivation gelesen. Dadurch konnten wir uns die Strategien der erfolgreichsten Menschen der Welt antrainieren.

Es gibt bestimmte Konzepte, die man anwenden kann, um alle seine Ziele zu erreichen. Wir sind der festen Überzeugung, dass es egal ist, wie krass dieses Ziel ist. Jeder kann ALLES erreichen was er sich wünscht, wenn er das richtige Wissen hat.

ES GIBT KEIN LIMIT!

Inzwischen haben wir beide ein Leben, das wir uns immer gewünscht haben. Wir wissen aber noch ganz genau wie es ist, wenn man keinen Plan hat. Wenn man noch in der Schule ist, nicht weiß wo man hinwill und erst Recht nicht, wie man da hinkommen soll. Wir hätten mit 17 gerne jemanden gehabt, der uns die Augen öffnet. Jemand der uns zeigt, welche Möglichkeiten die Welt da draußen bietet, dass es keine Grenzen gibt, außer die, die man sich selbst setzt.

Genau deswegen haben wir dieses Buch geschrieben. Wir wollen dir mit diesem Buch die Strategien an die Hand geben, die uns geholfen haben ALLE unsere Ziele zu erreichen.

Konkret zeigen wir dir, WIE du herausfinden kannst, was du überhaupt mal erreichen willst, also wie du dir die Ziele für dein perfektes Leben setzt. Dann zeigen wir dir konkret wie du diese erreichst. Wir zeigen dir, welche Techniken & Tools wir benutzt haben, um unsere Ziele zu erreichen, sodass du direkt konkrete Beispiele hast.

Du wirst merken, dass das Buch extrem viele Informationen enthält - und das ist auch gut so! Sieh das Buch auf keinen Fall als "einmalige Sache", die du einmal durchliest. Wir haben das Buch extra so aufgebaut, dass es dich auf deiner Reise zum erfolgreichen Leben tagtäglich unterstützen kann. Alles ist in kleine Kapitel untergliedert, sodass du immer wieder die Konzepte neu nachlesen und so immer weiter verinnerlichen kannst. Dein persönliches Handbuch, das dich zu deinen Zielen begleitet.

Versprochen: Es wird eine geile Reise und wir freuen uns, Teil davon zu sein!

Du kannst alles erreichen was du willst! Es gibt keine Grenzen!

Ach ja, eine ganz wichtige Sache:

Wenn du mit uns persönlich in Kontakt treten willst, folge uns jetzt auf Instagram. Da bekommst du auch einen perfekten Einblick in unser Leben und wie wir die Prinzipien aus diesem Buch täglich benutzen. Einfach jetzt auf Instagram nach ***@nicoschork*** und ***@alexgiesecke*** suchen und ab geht die Lutzi.

Gemacht?

Nice!, jetzt viel Spaß mit unserer Story! GO :-)

KAPITEL 1

UNSERE STORY

"Sollen wir nachschauen?"

"Wie lange ist der Post jetzt online? Ne Stunde?"

"Ja, hoffentlich hat jemand reagiert. Ok komm, scheiß drauf. Lass nachschauen!"

Wir beide, Alex & Nico, sitzen in dem Bowling Center unserer Heimatstadt. Vor uns steht jeweils ein Bananenweizen. Die Salamipizza wahrscheinlich gerade auf dem Weg.

Gerade haben wir den ersten Schritt gemacht. Den ersten Schritt zu einem Leben, das wir uns immer gewünscht haben. Dabei wussten wir zu der Zeit noch gar nicht, WAS wir uns überhaupt wünschen.

Vor einer Stunde hatten wir den Trailer zu unserem Mathe-Nachhilfe YouTube-Kanal "TheSimpleMaths" auf unserer privaten Facebook-Seite gepostet. Zusammen hatten wir 600 Facebook-Freunde. 400 waren vermutlich bei beiden die gleichen :D

Wir hatten monatelange Arbeit hinter uns, haben niemandem davon erzählt und jetzt war es soweit: Wir hatten unseren eigenen Youtube-Kanal für Mathenachhilfe. Mit 5 Abonnenten. Zwei davon waren Fakeaccounts von uns. Einer war Nicos Mum.

Und jetzt sitzen wir in diesem Bowling Center, mit nicht mal richtigem Bier vor uns, und warten gespannt auf die ersten Reaktionen unserer Freunde.

Aber unsere Geschichte fängt eigentlich anders an. Alles begann einige Jahre vorher.

Das erste große Ding... Nicht.

Als zwei ganz normale Jungs kommen wir mit 10 Jahren in einer Kleinstadt in Süddeutschland in die gleiche Klasse. Wir beide haben bis dahin nie wirklich Bock gehabt mal ein Buch in die Hand zu nehmen. Wir waren stinknormale Teenager mit stinknormalen Hobbies, stinknormalen Freunden und stinknormalen Problemen. Trotzdem war irgendwie eine Sache anders. Irgendwie hatten wir ständig den Drang etwas selbst zu schaffen.

Zwei Jahre bevor wir in dem Bowlingcenter sitzen, hatten wir unsere erste konkrete Idee: Wir wussten, dass das Internet eine große Sache ist und hier riesiges Potential ist. Außerdem ging gerade Facebook durch die Decke und jeder sprach davon. Aber Facebook hatte eigentlich nur crappy Posts. Facebook sah überhaupt nicht geil aus. Viel zu seriös. Gar nicht edel. Facebook war aus unserer Sicht zu langweilig.

Also kamen wir auf eine Idee:

Wir entwickeln ein soziales Netzwerk für die Leute, die Bock auf tiefgründige Inhalte haben. Für Leute, die diskutieren wollen und sich gegenseitig weiterbringen wollen. Und das ganze noch so, dass es geil aussieht. Mit modernem Design. So, dass man eben Bock drauf hat.

Der Name: “Xocuss”. Die coole Form von “Social Discussion”. Zumindest dachten wir das.

Das Krasse ist:

Wir haben Xocuss wirklich gebaut. Es war fertig, man konnte chatten, man konnte mit Freunden Gruppen bilden und sich gegenseitig hinzufügen. Alles hatte funktioniert.

Es ist schwer im Nachhinein den wirklichen Aufwand abzuschätzen, aber um so ein riesiges Projekt aufzubauen, mussten wir wirklich hart arbeiten. Wir hatten Nächte durchgemacht und nonstop die Plattform entwickelt. Es war ein Arsch voll Arbeit.

Du musst dir vorstellen: Wir waren zu der Zeit um die 16 / 17 Jahre alt. Alles was wir gebraucht haben um so ein Projekt umzusetzen, hatten wir uns selbst beigebracht. Online Tutorials geschaut, Bücher gelesen, ausprobiert, ausprobiert, ausprobiert. Wir hatten Wireframes gebaut, obwohl wir nicht mal wussten was Wireframes sind. Wir hatten Designs und User-Interfaces entworfen und uns neue Programmierkonzepte beigebracht.

Alles mit dem Ziel ein Facebook aufzubauen, wie wir uns es vorgestellt hatten.

Und dann kam die eine Sache, der wir bis heute dankbar sind: Google+.

Wir hatten von Google+ das erste mal in einem Technik-Magazin gelesen. Es wurde damals als DAS neue Netzwerk angekündigt. Modernes Design, neue Funktionen und das auch noch vom Internetriesen Google selbst. Quasi alles, was wir auch entwickelt hatten. Mit dem klitzekleinen Unterschied, dass wir nicht Google waren.

Auch wenn sich heute herausgestellt hat, dass Google+ der größte Flop der Geschichte war, hatten wir so großen Respekt davor platt gemacht zu werden, dass wir Xocuss nie veröffentlicht haben.

Und das war vermutlich gut so.

Zu der Zeit dachten wir aber anders darüber. Wir waren ziemlich angepisst, dass unsere harte Arbeit im Prinzip umsonst war.

Ein Jahr lang haben wir unsere Ideen beiseite gelegt und kamen nicht weiter. Wir hatten fast schon wieder vergessen, dass wir mal “etwas starten” wollten.

Eines Tages hatte Alex ein lockeres Gespräch mit einem Kumpel, den er lange nicht mehr gesehen hatte. Irgendwie kamen sie auf das Thema Youtube und er erzählte Alex, dass er jemanden kennengelernt hat, der mit Origami-Falt-Videos tausende von Euros jeden Monat verdient.

Was zum Fick?!

Ok, kurz nochmal in langsam: Mit Origami-Falt-Videos Tausende von Euros jeden Monat? Ja genau Origamis sind diese kleinen Schwäne die man bastelt, wenn man zu viel Zeit hat.

Wie soll man damit bitte tausende von Euros jeden Monat verdienen?

Die Antwort war im Nachhinein sehr einfach: Die Youtube-Videos über Origamis wurden extrem oft angeklickt und das von einer extrem spitzen Zielgruppe: Hausfrauen. Hausfrauen saßen also Nachmittags da und hatten offenbar eben genau nichts besseres zu tun, als sich diese Tutorials reinzuziehen. Das Geld kam dann über Werbung. Werbevermarkter haben das Potential erkannt und entsprechend Werbung mit der Zielgruppe Hausfrauen vor den Videos geschalten.

Du musst dir das so vorstellen: Wenn man eine große Reichweite zu einer extrem spitzen Zielgruppe hat, also zu einer Zielgruppe die in sich extrem homogen ist, dann sind Werbetreibende bereit sehr viel Geld auszugeben um diese Zielgruppe zu erreichen. Man hat dann nämlich weniger Streuverluste.

Neben der spitzen Zielgruppe hatten die Origami-Videos noch einen anderen riesigen Vorteil: Sie waren zeitlos. Vor 10 Jahren hat man Origamis noch genauso gefaltet wie heute, und in 20 oder 100 Jahren wird man die fucking Origamis immer noch genauso falten.

Der Freund musste also nur einmal ein Video produzieren und das verliert dann nie wieder an Aktualität.

Als wir die Geschichte gehört hatten, waren wir extrem gehyped: Bisher war Youtube für uns lediglich die Anlaufstelle für Fail-Videos oder der Anbieter für illegale Musikdownloads. Mehr kannten wir nicht. Aber jetzt plötzlich der Shift: Krass! Mit Youtube kann man auch Geld verdienen?

Die Idee

Du musst wissen: Wir beiden waren immer ziemlich gute Schüler. Hatten eigentlich immer einen Einser-Schnitt, der meist durch unsere Stärke in den Naturwissenschaften erreicht wurde. Oft werden wir in Interviews gefragt, ob wir extrem gut in Mathe waren. Meistens antworten wir da sehr defensiv darauf. Wenn nämlich einer erzählt, dass er "gut in Mathe ist", dann stellt sich jeder wieder sofort das typische Streberbild vor. Danke Gesellschaft, echt gute Arbeit geleistet :D

Das typische Streberbild hatten wir nicht. Wir waren weder die ganz coolen, die schon mit gefühlt 8 draußen geraucht haben, noch waren wir die absoluten Vollnerds, mit denen keiner was gemacht hat. Wir waren eben die ganz normalen Typen... die überdurchschnittlich gut in der Schule waren.

Nach der Geschichte mit den Origami-Vögeln hatte unser Kopf sofort angefangen zu rattern. Krass, Youtube ist mehr als wir uns das die ganze Zeit vorgestellt hatten. Da draußen ist eine Opportunity! Wie können wir die nutzen?

Man nehme also die 2 normalen, nicht unbedingt mega coolen, aber auch nicht nerdigen, Schüler, die beide gut in Naturwissenschaften und Mathe waren und zack, es entsteht die Idee für "Mathe-Nachhilfe" auf YouTube.

Ok, ganz so einfach war es nicht. Wie kamen wir also auf "die Idee"?

In unserer Schulzeit hatten wir eine Erfahrung gemacht: Wenn man etwas nicht verstanden hat, dann hat man es gegoogelt. Das führte meist zu Wikipedia. Dort war es zwar immer noch scheiße erklärt, aber immerhin besser als vom Lehrer. Dieses Verhalten hat sich dann aber ganz langsam verändert. Plötzlich sind die ersten Freaks nämlich auf die Idee gekommen ihr Problem nicht mehr bei Google einzugeben, sondern direkt auf YouTube. Verrückt musste man sein.

Genau das haben wir dann auch mal gemacht. Unser Gedanke: Hey, wir sind doch relativ gut in Mathe. Was findet man eigentlich, wenn man ein Mathe-Thema bei Youtube eingibt?

Und da war es: Man hat was gefunden. Aber das was man gefunden hat, hat uns unglaublich schockiert. Schlecht erklärte Videos, langweilig, miserable Qualität, Lehrer die noch mehr nach Lehrer aussahen als unsere Lehrer. Eigentlich der Horror. Alex sagt im Nachhinein gerne: Videos, als wären sie mit einer Kartoffel gefilmt worden.

Wir haben das gesehen und gedacht: Krass, wer guckt sich bitte sowas an?

Und dann waren wir noch mehr schockiert: Zehntausende Klicks! Manchmal sogar Hunderttausende! Was ist da los?

Warum kann es niemand so erklären, dass es Spaß macht?

Warum kann es niemand so erklären, wie es dir ein Kumpel erklären würde?

Warum muss alles so formell und trocken sein?

Das waren die Fragen die in unseren Köpfen herum schwirrten. Und irgendwann kam es:

WIR machen die coolsten Mathe-Nachhilfe-Videos Deutschlands!

Und da war sie: Unsere Idee!

Kombiniert aus den Tatsachen, dass wir beide gut in Mathe waren, dass wir beide Bock hatten was zu machen, dass wir beide gesehen hatten welches Potential Youtube hat und last but not least, dass die Konkurrenz unfassbar scheiße war.

Und das beste: Wir müssen die Videos nur einmal produzieren und dann können Schüler die sich jahrelang angucken.

Der Plan stand.

Trial & Error

"Ok, ich glaub jetzt passt alles! Du kannst den Stecker reinstecken!"

BAM! Licht aus.

"Fuck, was war das?"

"Kacke, ich glaub das war die Sicherung..."

"Och ne, ist die Birne schon wieder kaputt... MAMA!"

So oder so ähnlich sahen unsere ersten Versuche aus, die coolsten Mathe-Nachhilfevideos Deutschlands zu produzieren. In Nicos Zimmer hatten wir ein kleines Studio aufgebaut. An der Decke waren mit Tesafilm, Klebeband und Nähgarn Styroporplatten befestigt, die das Licht optimal auf die Tischplatte des alten Küchentischs von Nicos Eltern werfen sollten. Das Licht wiederum kam von 3 Baustrahlern, einer Schreibtischlampe und einer, zu der Zeit sehr professionell wirkenden Fotolampe, die wir Nicos Opa geklaut hatten. Letztere hat am Ende leider nur für Probleme gesorgt, weil ständig die Birne kaputt ging und dabei die Sicherung rausflog. Wir waren gefühlt 10x im Baumarkt um Ersatzbirnen zu kaufen, am Ende sind aber alle Versuche gescheitert.

Außerdem hatten wir noch ein sehr professionelles Gimmick am Start: Eine Softbox, die Alex Mom aus einem Regenschirm genäht hatte und uns Licht wie im Fotostudio liefern sollte. Sie hatte hierfür fast die ganze Nacht durchgenäht.

Du merkst also, alle haben mitgeholfen. Wir hatten Gas gegeben, unsere Eltern haben uns unterstützt. Mal waren wir bei mir zuhause, mal bei Nico.

Dafür bei der Gelegenheit ein fettes Dankeschön an unsere Eltern, wenn ihr das lest! :-)

Ziel war es, die Videos im Style von “explainity” zu produzieren. Vielleicht hast du das schon mal gesehen: Dabei werden die Hände von oben gefilmt, und man schiebt Pappfiguren auf einer weißen Oberfläche umher um die Thematik zu visualisieren. In der Theorie sieht das dann übel geil aus und man sieht dann die Kanten der ausgeschnittenen Figuren nicht.

Bei uns war das genau das Gegenteil: Es sah übel kacke aus und man hat einfach volle Kanne die Kanten gesehen :D

Lag im Nachhinein betrachtet wahrscheinlich an der viel zu alten Kamera, dem viel zu schlechten Licht und unseren unfassbar schlechten Skills Pappfiguren zu zeichnen und auszuschneiden...

Wir hatten nach 2 Wochen Arbeit trotzdem unser erstes Video produziert. Aber das “coolste Nachhilfevideo Deutschlands” war es sicher nicht. Extrem demotiviert hatten wir eigentlich gar keinen Bock mehr weiter zu machen, weil hochladen konnten wir das so sicher nicht.

Wir mussten also eine neue Lösung finden!

Selbst Figuren zeichnen und basteln war also definitiv nicht unsere Stärke. Wir hätten uns das ganze zwar beibringen können, trotzdem wäre die Sache nicht besonders effizient gewesen. Immerhin wollten wir ja mehr als nur ein Video machen und jede Woche aufs neue Pappgleichungen, Pappfunktionsgraphen und Pappmaskottchen auszuschneiden wäre nicht besonders klug gewesen.

Die Rettung kam dann durch Zufall. Bei der Vorbereitung für eine Schulpräsentation ist Nico auf ein komplett neues Präsentationsprogramm gestoßen: Prezi. Prezi war der neue Shit und niemand kannte es zu der Zeit. Man kann sich Prezi wie ein unendlich großes Blatt Papier vorstellen. Auf diesem Blatt Papier kann man dann Objekte platzieren, diese Objekte vergrößern und verkleinern und am Ende mit Pfaden zwischen den Objekten hin- und herspringen. Dabei entsteht dann ein professioneller Zoom-Effekt der zu der Zeit wie großes Kino wirkte.

Die Idee: Wir erstellen unsere Videos einfach mit diesem Programm und nehmen die fertige Präsentation einfach als Bildschirmaufnahme auf. Dann packen wir noch den Ton darunter und fertig ist unser Nachhilfevideo. Ganz einfach, ohne basteln und damit ohne, dass sich jemand an der Schere verletzt :D

Die Münze hat dann entschieden, dass Alex spricht, die restliche Aufteilung hat sich daraus ergeben: Alex mach zusätzlich noch den Schnitt, Nico schreibt dafür das Skript und erstellt die Animation. Die Sache war gebongt.

Dadurch, dass wir selbst noch in der Schule waren und gerade Abi machten, war die Themenwahl auch nicht wirklich schwer. Wir haben einfach in unsere Heftaufschriebe geguckt und genau die Themen behandelt, die wir selbst auch gerade im Unterricht gemacht hatten. Danke im Nachhinein an unsere beiden Mathe-Lehrer (Herr Weyrauch und Herr Bachert), die uns quasi kostenlos jede Woche neue Themen auf dem Silbertablett geliefert hatten und teilweise Skripte probegelesen haben! :D

Letztendlich hatten wir uns entschieden für den Start 10 Videos zu produzieren. 10 Videos, sodass direkt Content da ist, wenn wir endlich unser erstes Produkt "TheSimpleMaths" auf den Markt bringen werden.

Und dann war es soweit...

...Klick. Wir hatten den Facebook-Post veröffentlicht und unsere Freunde zur Fanpage "TheSimpleMaths" eingeladen.

Nun saßen wir also da, wartend auf die Pizza, im Bowlingcenter unserer Heimatstadt. Echt krass, dass wir damals überhaupt nicht ahnten, was für Auswirkungen die ganze Sache haben würde. Im Nachhinein betrachtet war es der Startschuss zu einem Leben, wie wir es uns nie hätten vorstellen können.

Der Weg zum Ersten Unternehmen

Über Nacht wurden wir plötzlich Millionäre.

Nein Spaß! :D

Schön wär's gewesen -.-

Der Kurzabriss: Wenn man anfängt Mathe-Nachilfevideos auf YouTube zu veröffentlichen, ist man in seinem Jahrgang in der Schule nicht unbedingt der Coolste. Die ersten Reaktionen auf den Facebook-Post von uns waren zwar sehr positiv, aber im Endeffekt hat sich doch jeder gedacht: "Was zum Fick haben die beiden damit vor?".

Tja, das wussten wir zu dem Zeitpunkt auch nicht wirklich. Wahrscheinlich haben wir wirklich gedacht, dass wir über Nacht Millionäre werden. Die Lektion: So einfach ist das nicht. In Vorträgen sagen wir immer, dass wir nach 6 Monaten 10$ verdient hatten. In Wirklichkeit waren es aber ziemlich sicher viel viel weniger. Geduld ist hier die entscheidende Antwort.

Jede Woche haben wir genau ein neues Mathe-Video produziert und auf YouTube hochgeladen. Stück für Stück sind wir dann organisch gewachsen, hatten ein paar Features von mittelgroßen Kanälen als "Kanal der Woche" und haben uns so immer mehr Reichweite erarbeitet. Das Ganze war einfach ein langsam fortschreitender Prozess. Jede Woche ein neues Video, jede Woche ein kleines Stückchen gewachsen.

Irgendwann kamen wir über Alex mit einem kleinen Mittelstandsunternehmen aus unserer Heimatstadt in Kontakt. Alex erzählte von unserem Konzept und von unserer Reichweite auf YouTube. Zu der Zeit erreichten wir so ein paar Tausend Jugendliche jeden Monat. Diese paar

Tausend Jugendliche waren für uns nichts besonderes, aber für das kleine Unternehmen waren sie potentielle zukünftige Auszubildende oder Mitarbeiter.

Genau das haben wir uns zunutze gemacht und unser erstes Sponsoring verhandelt. Der Deal: Euer Logo kommt für 3 Monate in unsere Videos, dafür bekommen wir ein Sponsoring über 1.200 €.

1.200 fucking Euro!!!!

Du kannst dir nicht vorstellen, wie viel Geld das damals für uns war. Wir dachten: Jawoll, jetzt sind wir reich. Im Nachhinein haben wir uns komplett unter Wert verkauft. Es war komplett dumm, dieses Sponsoring zu diesen Konditionen zu machen. Aber naja: Im Nachhinein ist man immer schlauer.

Die 1.200 € haben wir dann in Rechnung gestellt. Das war unsere erste Rechnung an ein Unternehmen und damit schon ein ziemlich aufregender Moment. Wir hatten uns einfach eine Vorlage von Google gezogen, alles ausgefüllt, gedruckt, unterschrieben und ab damit zur Post.

3 Tage später die Rückmeldung: "Jo Jungs, danke für die Rechnung! Passt alles, nur ein kleiner Hinweis, ihr habt die Steuernummer vergessen. Könnt ihr die bitte noch hinzufügen, dann überweisen wir euch direkt das Geld.".

Fuck. Was zum Ersch ist bitte unsere Steuernummer?

Bevor du lachst: Wir hatten echt absolut keinen Dunst :D

Also wieder kam unser Freund Google ins Spiel. Nach langer Recherche dann irgendwann die Erkenntnis: Wir brauchen ein Unternehmen. Also ab zum Amt, paar Dinger ausgefüllt und unterschrieben, ne kleine Bearbeitungsgebühr bezahlt und schwupp die wupp, die "TheSimpleMaths GbR" war gegründet - mit ganz persönlicher eigener Steuernummer.

Ach ja, falls du gerade keinen Dunst hast was ne GbR ist: Google ist auch DEIN Freund.

Unser "Warum"

Ok, bist du auf Google fündig geworden? Perfekt, dann weiter im Takt :D

Wie gerade beschrieben: Die TheSimpleMaths GbR ist also so langsam vor sich hin gewachsen. Jede Woche haben wir ein neues Mathe-Video aus unseren Kinderzimmern produziert und hochgeladen. Und jede Woche kamen neue Zuschauer auf YouTube dazu.

Bis auf das Sponsoring hatten wir eigentlich kaum Kohle verdient. Aber das war im Endeffekt auch egal, wir haben ja daheim gewohnt und hatten damit keine Ausgaben. Die einzige Ausgabe war unsere Zeit.

Warum haben wir aber weitergemacht?

Warum produziert ein Jugendlicher FREIWILLIG in seiner Freizeit Mathe-Nachhilfevideos?

Im Nachhinein können wir uns Besseres vorstellen, was man so mit seiner Zeit machen kann. Man könnte saufen, ne Freundin haben, in Urlaub gehen, ins Kino, ... Gibt auf jeden Fall deutlich Ansprechenderes, was man in dem Alter unternehmen kann :D

Woher kam also unsere Motivation?

Ganz einfach: Durch das Feedback!

Von Anfang an, schon seit dem Upload unseres ersten Videos haben wir positive Rückmeldung bekommen. Mathe war und ist einfach ein scheiß Problemfach. Vor allem, wenn einfach jeder gezwungen wird es zu machen und man es in der ganzen Schulzeit nicht abwählen kann. Plötzlich gab es aber uns: Einen Youtube-Kanal der die ganze Kacke einfach und irgendwie unterhaltsam erklärt. Und genau das haben alle, die uns gefunden haben, gefeiert.

Damit du mal einen Eindruck davon bekommst, hier eine kleine Auswahl des Feedbacks, das wir bekommen haben:

> *"So genial wie in 5 Minuten Videos einfach der komplette Stoff besser und verständlicher erklärt wird, als in mehreren Stunden Unterricht."*

> *"Euer Humor ist so hart behindert, aber da steh ich drauf! :D Vor allem kann man sich dadurch dann auch noch die Sachen besser merken XD Macht weiter so!"*

> *"Wie ich euch liebe! Das Gefühl keine 6 bekommen zu müssen, weil der Lehrer nicht vernünftig erklären kann, ist so schön :D"*

Aber die Zuschauer haben es nicht nur gefeiert. Nein, das Feedback ging noch viel weiter. Als der YouTube Kanal immer mehr gewachsen ist, haben wir plötzlich auch immer krassere Rückmeldung bekommen. Es waren plötzlich Leute dabei, die uns so dankbar waren, weil wir deren Abschluss retten, weil wir sie so unterstützen, dass sie ihre Ziele erreichen können. Schüler, die durch uns ihren Notenschnitt für ihren Wunschstudiengang erreichen. Studenten, die durch uns nicht von der Uni fliegen. Oder Immigranten, die mit unseren Videos eine Chance hatten zu Hause in ihrem Tempo die Themen zu wiederholen.

Ganz ehrlich: Solche Geschichten motivieren! Und das nicht nur ein bisschen.

Wir hatten TheSimpleMaths angefangen, weil wir Bock hatten was zu starten und vielleicht auch, weil wir dachten wir werden über Nacht Millionäre - oder zumindest so ähnlich. Aber wir hätten NIEMALS erwartet, welchen Einfluss die Entscheidung für TheSimpleMaths für unser Leben haben würde.

Es gibt kein besseres Gefühl, als morgens aufzustehen und zu wissen, dass man gerade etwas Gutes tut. Dass man gerade ein Produkt geschaffen hat, das Tausenden von Schülern und Studenten jeden Tag hilft. Das ein Problem behebt, und nicht nur irgendeine dumme unnütze Erfindung ist. Genau das hat uns als Schüler angetrieben weiterzumachen. Und genau das treibt uns auch heute noch an!

Die Entscheidung

Als wir endlich bewusst diesen Impact erkannt hatten, standen wir gewissermaßen vor einem Scheideweg.

Alex hatte angefangen Maschinenbau an einer großen Uni zu studieren, Nico Angewandte Informatik als berufsbegleitendes Studium bei einem großen Softwarekonzern. Neben der Tatsache, dass es bei keinem von uns beiden heiße Mädels auf dem Campus gab, hatten wir noch ein anderes Problem zu klären: Was machen wir mit TheSimpleMaths?

Lassen wir es sein und konzentrieren uns voll und ganz aufs Studium? Oder machen wir nebenbei weiter?

Letztendlich war die Entscheidung: Weder noch!

TheSimpleMaths hatte einfach einen viel zu großen Impact. Zehntausende haben zu der Zeit schon unsere Videos geguckt. Zehntausende dankbare Schüler, die noch mehr wollten. Und genau das wollten wir auch. Wir konnten TheSimpleMaths nicht aufgeben. Und ein "Nebenbei-Projekt" durfte es auch nicht sein.

Wenn das Konzept "coole Nachhilfevideos auf Augenhöhe" für Mathe funktioniert, dann funktioniert es auch für andere Fächer! Die Nachfrage war da, und wir wussten was wir tun müssten um die Nachfrage zu bedienen!

Zu zweit saßen wir bei Alex zu Hause auf der Couch als wir die Entscheidung trafen:

Wir wollen TheSimpleMaths unser Leben lang machen! Wir wollen das Ding groß aufbauen. TheSimpleMaths hat einen Impact und das treibt uns an! Wir machen aus TheSimpleMaths endlich ein "richtiges" Unternehmen.

Genau das haben wir dann gemacht. Im September 2014 wurde TheSimpleMaths auf insgesamt 4 Fächer zum "TheSimpleClub" ausgeweitet. Ein halbes Jahr später waren wir dann endlich mit der Gründung der TheSimpleClub GmbH durch. Alles ging ab dem Moment mega schnell: Plötzlich hatten wir unsere ersten Mitarbeiter eingestellt und mussten uns

Gedanken über Businesspläne und Finanzen machen. Bis Anfang 2015 waren wir schon ein achtköpfiges Team: Eine Festangestellte, ein Praktikant, vier Freelancer als Studenten und wir beide als Gründer und Geschäftsführer.

Ach ja: Was war mit unserem Studium?

Die Antwort: Nichts besonderes. Alle hatten uns gesagt, dass wir auf keinen Fall Unternehmen & Studium unter einen Hut bringen können. Und viele sogar, dass wir uns lieber "voll aufs Studium konzentrieren und langfristig denken" sollen.

Daraufhin hatten wir gesagt: Bullshit, wir schaffen beides.

Nico ist dann auch an eine große Uni gewechselt, um der Vorlesungspflicht zu entgehen :D Damit wurde dann aus unserem "klassischen Uni-Studium" ein "Fernstudium". Wir waren noch an der Uni eingeschrieben, haben auch alle Klausuren hinter uns gebracht, nur eben mit dem klitzekleinen Unterschied, dass wir einfach nie da waren. Während des Semesters haben wir uns zu 100% auf TheSimpleClub konzentriert, dann kam kurz Klausurphase, in der wir morgens immer 3 Stunden gelernt hatten und in den Semesterferien gab's dann wieder 100% TheSimpleClub. Mit der richtigen Disziplin und dem richtigen Zeitmanagement war das alles kein Problem.

Mehr dazu aber später in diesem Buch!

Wo wir jetzt sind

Inzwischen ist die TheSimpleClub GmbH der reichweitenstärkste Anbieter für Online-Nachhilfe in Deutschland, Österreich und der Schweiz. Wir haben ein Team aus 28 mega geilen Leuten, die wir ungern "Mitarbeiter" nennen. "Freunde" ist inzwischen der bessere Begriff. Wir haben ein kleines Büro in Berlin, wo unser festes Vollzeit-Team sitzt. Der Rest des Teams ist in Deutschland verteilt und arbeitet "remote" von zuhause aus.

TheSimpleClub ist vielleicht noch nicht das größte Startup in dem Bereich, auch sind wir noch nicht die Umsatzstärksten, aber unser Impact ist und bleibt riesig: Jeden Monat erreichen wir 600.000 Schüler und Studenten mit unseren Videos, Tendenz weiterhin steigend.

Inzwischen sind wir vom ersten Fach Mathe, über die vier Fächer bei der Gründung, bei acht Fächern gelandet. Und das Neunte ist schon in Arbeit.

Auch haben wir uns von YouTube immer weiter entfernt. Inzwischen betreiben wir erfolgreich unsere eigene Lernplattform und App. Letztere wurde sowohl im Playstore als auch im Apple AppStore zur Neuerscheinung des Jahres 2016 gekürt. Damit haben wir auch endlich einen Weg gefunden, TheSimpleClub profitabel zu machen.

Zusammengefasst: Unser Leben hat sich in den letzten Jahren komplett verändert.

Nico ist in seiner ganzen fucking Kindheit kein einziges mal ICE gefahren und nur ein einziges mal in einem Flugzeug gesessen. Wir hatten vor ein paar Jahren kaum Selbstbewusstsein. Wir hatten einen kleinen Bekanntenkreis mit einem eingeschränkten Horizont. Die Welt hatten wir nie wirklich gesehen.

Inzwischen fahren wir mindestens einmal die Woche mit dem ICE oder sitzen im Flieger. Wir haben Treffen mit anderen Unternehmern, mit großen Firmen, Investoren oder manchmal auch Anwälten. Unser Netzwerk an Bekannten ist explodiert. Egal wo wir Hilfe brauchen, wir kennen jemanden der uns diese Hilfe geben kann, und falls nicht, kennen wir einen der einen kennt. Wir haben ein profitables Online-Unternehmen, ein hammer Team, 2 wundervolle Freundinnen (jeweils eine natürlich :D), engen Kontakt zu unserer Familie und unseren Freunden und die Freiheit von überall aus zu arbeiten, wo wir wollen.

Oder in einem Satz:

Wir haben ein Leben, wie wir uns es nie hätten vorstellen können.

Warum dieses Buch?

Du fragst dich gerade bestimmt: Warum zum Ersch haben die beiden jetzt dieses Buch geschrieben? Die haben doch jetzt ein profitables Business und haben offensichtlich extrem viel um die Ohren deswegen.

Tja, warum also?

Mit einer Sache liegst du richtig: Sicher nicht, weil wir zu viel Zeit haben :D

Wir sind auch noch lange nicht am Ende angekommen. Wir haben noch lange nicht unsere Ziele erreicht. Und vor allem sind wir noch lange nicht an einem Punkt, an dem wir uns zurücklehnen können und jetzt unser Wissen teilen. Ganz im Gegenteil: Wir sind mitten drin. Gefühlt fangen wir selbst gerade erst an.

TheSimpleClub ist noch lange nicht an dem Punkt, wo es mal sein soll. Wir haben es inzwischen geschafft TheSimpleClub als profitables Business aufzubauen. Daran scheitern schon viele, stolz sind wir also sicher. Aber wir haben noch riesiges Potential und noch viel größere Ziele. Warum sollten nur Schüler in Deutschland, Österreich oder Schweiz von coolen Lerninhalten profitieren? Schüler in anderen Ländern haben doch genau die gleichen Probleme. Warum sieht die Schule überhaupt noch so aus, wie sie aussieht? Das System ist längst veraltet, und wir sind endlich an einem Punkt, an dem man uns kennt. Diese “Macht” könnten wir nutzen um unsere Kinder in ein besseres System zu schicken. Das sind alles Fragen, die in unserem Kopf schwirren und alles Probleme, die von uns noch zu bewältigen sind.

Auch privat sind wir lange noch nicht da, wo wir sein wollen. Zum Beispiel finanzielle Freiheit haben wir noch lange nicht erreicht. Für uns spielt das aber eine wichtige Rolle in unserer Zielsetzung. Wir wollen mal nicht einen Job machen MÜSSEN, damit wir Geld verdienen. Nein, wir wollen Geld so verdienen, dass wir den Job machen können, den WIR WOLLEN. Auch hier haben wir noch einen langen, langen Weg vor uns.

Eine Sache haben wir aber erreicht und genau deswegen schreiben wir dieses Buch:

Wir sind glücklich.

Warum?

Ganz einfach: Wir sind an einem Punkt, an dem wir uns zu 100% bewusst sind, wie wir uns unser Leben später mal vorstellen. Außerdem sind wir an einem Punkt, an dem wir genau wissen, was wir tun müssen, um dieses Leben zu erreichen. Und das gibt uns Selbstbewusstsein! Wir WISSEN, dass wir genau dieses Leben mal erreichen werden. Wir haben die Motivation alles dafür zu tun. Wir haben die Geduld und sind bereit, unwichtige Dinge aufzugeben, damit wir die wichtigen Dinge erreichen.

Genau das wussten wir mit 17 nicht.

NIEMAND hatte uns auf sowas vorbereitet. Die Schule nicht, unsere Lehrer nicht. Ja auch unser Umfeld nicht.

(Ganz wichtig hier: Danke an unsere Familie! Ihr habt alles richtig gemacht. Ohne euch wären wir niemals da wo wir jetzt sind <3)

Alle haben uns den klassischen Weg erklärt: "Mach nen guten Abschluss, geh studieren, arbeite, bau ein Haus, krieg 2 Kinder, geh in Rente, kauf dir ein Huhn und kratz dann ab."

Das scheiß Problem: Als 17 Jähriger hilft der Tipp recht wenig. Was soll man denn studieren? Was soll man denn arbeiten? Man hat keinen blassen Schimmer!

Wir können uns da richtig, richtig gut reinversetzen. Alle erwarten, dass man irgendwie eine Ahnung hat, was man mal machen will, aber niemand sagt einem wie das geht. Warum?!

Mit 17 hatten wir in unserer Schulzeit eben keinen blassen Schimmer! Wir waren zwei Dorftrottel, die die Welt noch nicht gesehen hatten. Wir dachten: "Jo, mit unserem Einser-Abi werden wir schon was Gutes finden."

Kurz: Wir waren dumm und naiv.

Zum Glück hat sich das in den letzten Jahren komplett geändert.

Wir haben extrem viel gelernt. Das meiste wahrscheinlich durch Erfahrung. Die Gründung der GmbH. Verhandlungen mit Investoren, Sponsoren oder Kooperationspartnern. Vorträge vor Hunderten von Leuten. Oder wie man ein fucking Studium unterbringt, wenn man eigentlich 24/7 für sein eigenes Business arbeitet. Um nur ein paar Beispiele zu nennen.

Wir haben auch extrem viel gelesen. Inzwischen ist es fast unter Durchschnitt, wenn wir pro Woche nur ein Buch schaffen. Dazu kommen die Menschen, die wir in den letzten Jahren kennengelernt haben. Wir haben sehr viele erfolgreiche Persönlichkeiten kennengelernt und durften von vielen extrem viel lernen. Inzwischen sind einige nicht nur unsere Mentoren, sondern sogar unsere guten Freunde.

Die Ideen und Konzepte aus dem Buch sind also auf keinen Fall von uns selbst. Und das wollen wir auch nie behaupten. Viele Ideen sind Grundsätze, nennt sie "Regeln der Natur", die einfach immer gelten. Vieles sind aber auch Werkzeuge, die wir wiederum von anderen gelernt haben.

Was es aber so wertvoll macht: Wir haben alle diese Regeln, Grundsätze, Werkzeuge und Ideen ausprobiert. Alles was wir gelernt haben, haben wir immer versucht direkt in unserem Leben umzusetzen. Was funktioniert hat, haben wir behalten. Was nicht funktioniert hat, wurde verworfen. So wissen wir genau, was klappt und was nicht.

Das ist der Grund warum wir das Buch schreiben!

Wir wollen dir mit diesem Buch unser Wissen und die Werkzeuge an die Hand geben. Wir wollen dir das geben, was uns keine Schule, kein Lehrer und kein Umfeld erklären konnte.

Das Ziel ist dabei, dass du ein Leben erreichst, wie DU es dir vorstellst. Wir haben die letzten 3 Jahre gebraucht um uns das Wissen anzueignen, jetzt ist es Zeit die Erfahrung mit dir zu teilen. Hier ist dein Shortcut!

Und das in 3 Schritten:

Im ersten Kapitel werden wir dich ins richtige Mindset bringen. Wie oben beschrieben: Als Schüler kennt man nur den klassischen Weg "Lernen, Job, Rente". Das ist aber extrem eingeschränkt. Mit dem ersten Kapitel wollen wir deinen Horizont erweitern und dir zeigen, was erfolgreiche Menschen von den "Normalsterblichen" unterscheidet. Das ist wichtig, damit du überhaupt erstmal siehst, welche Möglichkeiten es gibt.

Im zweiten Kapitel werden wir dann konkret. Du wirst herausfinden WAS du eigentlich im Leben willst. Die schwierigste Aufgabe von allen. Wir führen dich Schritt für Schritt durch, sodass du dir am Ende viel klarer darüber bist, was dein Ziel eigentlich ist. Genau die vorgestellte Technik von Kapitel 2 haben wir selbst für uns angewandt, und wir können versprechen: Das bewirkt Wunder!

Du bist im richtigen Mindset und du bist dir klarer über dein Leben und deine Ziele. Dann wird's im dritten Kapitel konkret: Wir geben dir unsere Tipps & Werkzeuge direkt an die Hand, damit du in der Lage bist, deine Ziele zu erreichen. Wir zeigen dir genau was wir jeden Tag machen, um unseren Zielen näher zu kommen. Wir erklären dir, wie wir so viel schaffen, aber gleichzeitig noch Zeit haben. Wie wir Business, Familie & Studium unter einen Hut bringen. Und wie wir dabei nicht die Motivation verlieren.

Und dann? Tja, dann liegt es an dir!

Du bist der einzige Mensch, der dafür verantwortlich ist, wie dein Leben aussieht. Du kannst jetzt die Entscheidung treffen, die dein Leben für immer verändert.

Bist du der Wolf oder das Schaf?

Läufst du anderen nur hinterher oder triffst selbst Entscheidungen?

Willst du das machen müssen, was dir ein anderer vorgibt, oder willst du dein Leben unter Kontrolle haben und glücklich werden?

Es liegt in deiner Hand!

Du musst nur weiterlesen...

KAPITEL 2

PARADIGM SHIFTS

Bullshit #1:

"Die Welt um mich herum ist halt so. Kann man nicht ändern."

Auf alles was in deinem Leben passiert hast Du Einfluss. Das ist eines der wichtigsten Dinge, die wir bis jetzt gelernt haben.

Viel zu oft hören wir Leute über das Wetter jammern, oder dass sie unglücklich mit ihrer aktuellen Situation sind. Es geht immer nur darum, was andere falsch gemacht haben.

Diese Leute schieben die Schuld von sich weg.

Warum? Weil es einfacher ist.

Es ist einfach zu sagen, dass die Regierung daran Schuld ist, dass man so viel Steuern zahlen muss. Es ist einfach zu sagen, dass der Chef Schuld ist, dass man nicht so viel Gehalt bekommt. Es ist einfach zu sagen, dass der Lehrer Schuld ist, dass man keine gute Note bekommt.

Was alle diese Schuldzuweisungen gemeinsam haben:

Sie sind komplett für den Arsch.

Egal wie sehr du die Schuld auf andere schiebst, deine Situation wird sich dadurch nicht ändern und schon gar nicht verbessern.

Was ist also die Lösung?

Verantwortung. Übernehme Verantwortung für alles, was in deinem Leben passiert.

Und wir wiederholen: ALLES!

Wo andere die Schuld von sich weg schieben, übernimmst Du die Verantwortung.

Beispiel Wetter:

Ganz viele lassen sich von schlechtem Wetter runterziehen und machen den Regen vor ihrer Haustür für ihr Unglück verantwortlich.

Was für ein Schwachsinn!

Genau in dem Moment kannst du nämlich sagen:

“Das Wetter ist zwar scheiße, aber hey das kann ich nicht ändern! Also zerbreche ich mir den Kopf nicht darüber, sondern sehe es anders: Jetzt hab ich nämlich endlich Zeit konzentriert drin zu arbeiten.”

Du hast dadurch natürlich nicht die Verantwortung über das Wetter übernommen. Aber du hast etwas viel wichtigeres geschafft: Du hast die Verantwortung über deine Emotionen übernommen und lässt dir nicht von äußeren Einflüssen sagen, wie du dich zu fühlen hast.

Und das kannst du auch auf alle anderen Situationen übertragen!

Angenommen du hast einen Plan und weißt, wenn du den durchziehst, erreichst du dein Ziel. Jetzt kommt irgendeine dumme äußere Begebenheit, die deinen Plan zunichte macht.

Dann hast du zwei Möglichkeiten:

Entweder du gibst auf und schiebst die Schuld auf die äußere Begebenheit oder du sagst dir “Hey, vielleicht war das ganz gut so, weil jetzt kann ich eine Lösung finden, die noch besser ist!”.

Das wichtige ist, dass du dir in jeder Situation über den ganzen Tag klar machst:

Du hast die komplette Verantwortung darüber, ob die äußere Begebenheit dich weiterbringt oder nicht. Es ist in deinem Einflussbereich etwas an deiner Laune, an deinen Emotionen, an deinen Handlungen und damit an deinem Leben zu ändern.

Ganz egal, was um dich herum passiert.

Konkret bei uns:

Wenn wir mit etwas unzufrieden sind, dann stellen wir uns immer die Fragen:

Was können WIR daran ändern? Was ist in unserem Einflussbereich?

Wir haben uns angewöhnt, niemals die Schuld auf jemanden zu schieben, auch wenn es offensichtlich ist, dass er oder sie verkackt hat.

WIR hätten es ihm vorher besser erklären können. WIR hätten uns überlegen können, was diese Person braucht um nicht zu verkacken. WIR hätten uns mehr Zeit nehmen müssen.

Als wir unsere ersten Videos auf Youtube hochgeladen hatten, wurden sie für die Monetarisierung gesperrt. Das bedeutet, Youtube hat uns nicht geglaubt, dass die Videos von uns sind. Dadurch durften wir keine Werbung schalten und haben durch die Videos nichts verdient.

Monatelange Arbeit dafür, dass man am Ende nichts davon rausbekommt.

Zuerst haben wir die Schuld auf Youtube geschoben. Dann auf den fehlenden Support, weil wir niemanden deswegen kontaktieren konnten. Dann auf die netten Leute, die uns in Foren eigentlich helfen wollten aber auch nicht wirklich weiter wussten.

Irgendwann wurde uns klar, dass es keinen Zweck hat, die Schuld von uns wegzuschieben.

Die Verantwortung lag bei uns.

WIR hätten uns vorher informieren müssen, damit so etwas nicht passiert.

Und jetzt können WIR dafür sorgen, eine Lösung zu finden, die vielleicht noch besser ist.

Also haben wir uns hingesetzt und nach Lösungen gesucht. Irgendwann kamen wir dann auf einen Artikel der erklärt hat, dass Youtube-Netzwerke genau solche Probleme lösen können, weil sie einen sehr engen Kontakt zu Youtube haben.

Gleichzeitig unterstützen sie einen bei der Vermarktung und Produktion.

Wir haben uns also direkt bei einem beworben, wurden genommen und ein paar Wochen später war das Problem gelöst! Wir haben endlich etwas mit unseren Videos verdient UND das Netzwerk hat uns dabei unterstützt größer zu werden.

Behalte also eine Sache im Kopf:

DU hast die Verantwortung für ALLES was in deinem Leben passiert. DU kannst entscheiden, ob dich äußere Einflüsse runterziehen oder ob du daraus eine Chance entwickeln kannst, um danach noch besser dazustehen.

DU bist Schuld, wenn du unglücklich bist.

Genauso ist es DEIN Verdienst, wenn du deine Ziele erreichst.

ALLES liegt an DIR.

Bullshit #2:

"WARUM HAB ICH IMMER PECH?"

"Wir sehen die Welt nicht wie sie ist. Wir sehen die Welt, wie wir sind."
- Anaïs Nin, amerikanische Schriftstellerin

Was bedeutet das?

Alles was wir über unsere Sinne aufnehmen, also sehen, hören, fühlen wird von unserem Gehirn verarbeitet. Während dieser Verarbeitung wird das Gesamtbild aber an unser inneres Weltbild angepasst. Mit anderen Worten: Wir sehen, was wir sehen wollen.

Wenn wir also die innere Einstellung haben, dass die Welt ein böser Ort ist, dann werden wir in jeder Situation etwas finden, was diese Einstellung bestätigt.

Wenn wir allerdings die Einstellung haben, dass alles was passiert einen guten Grund hat und uns in Zukunft helfen kann, werden wir in jeder Situation etwas finden, was genau das bestätigt.

Beide Einstellungen haben gemeinsam, dass sie eventuell "falsch" sind. Aber es geht hier nicht um richtig oder falsch. Es geht darum, ob dich die Einstellung unterstützt deine Ziele zu erreichen oder nicht.

Und wenn du von Anfang an eine negative Einstellung hast, dann wird das von deinem Unterbewusstsein ständig bestätigt. Du kommst in einen Teufelskreis.

Das kann man sich vorstellen wie eine Brille die du aufsetzt.

Alles was um dich herum passiert kannst du objektiv nicht beeinflussen. Was Fakt ist, ist Fakt. Aber du kannst beeinflussen, wie du diese Fakten interpretierst.

Wenn du ohne Skibrille im Schnee fährst, wirst du fast blind, weil es so unangenehm hell ist. Sobald du sie aufsetzt, siehst du aber wie unglaublich schön es eigentlich um dich herum ist.

Genauso ist es auch hier. DU entscheidest, welche Brille du aufsetzt. Es ändert zwar nichts an den Fakten aber es ändert etwas daran, was du im nächsten Schritt daraus machst.

Konkret bei uns:

Als wir Xocuss fertig entwickelt hatten, kam Google+ auf den Markt. Im Prinzip haben sie uns die Tour vermasselt. Monatelange Arbeit komplett umsonst.

Aber wir haben die Fakten von unserer Interpretation davon getrennt.

Fakt war: Google+ ist mächtiger als wir.

Fakt war auch: Google+ hatte die gleiche Systematik mit den “Kreisen” entwickelt, die wir uns auch überlegt hatten.

Unsere Interpretation im ersten Schritt:

Fuck. Alles umsonst. Wir machen uns nie mehr so viel Arbeit, es kann ja immer so eine große Firma kommen und uns alles kaputt machen.

Unsere Interpretation im zweiten Schritt:

Vielleicht ist das etwas gutes. Wir haben durch die Entwicklung extrem gelernt. Wir haben Wireframes entwickelt ohne überhaupt zu wissen, was Wireframes sind. Vielleicht bringt uns das in Zukunft etwas.

Und das hat es. Ein paar Jahre später haben wir unsere eigene App entwickelt und waren damit in der Kategorie “Best of App Store” auf Platz 2 in ganz Deutschland.

Entscheide also aktiv, wie du Situationen interpretierst. Man kann alles negativ sehen. Man kann aber auch aus allem etwas Positives ziehen.

Das Krasse: Egal ob du positiv oder negativ denkst, du hast Recht.

Entscheide dich für das Richtige.

Bullshit #3:

"ICH HAB IMMER RECHT!"

"Seek first to understand, then to be understood."
- Steven R. Covey, "7 Habits Of Highly Effective People"

Hattest du auch schon mal Konflikte bei denen du danach dachtest: Was war das denn für ein unnötiger Konflikt?

Die meisten Konflikte entstehen weil keiner dem anderen zuhört und die Situation des anderen komplett versteht.

Dabei ist es unglaublich wichtig ZUERST die andere Person zu 100% zu verstehen, sich genau in sie hineinzuversetzen und alles mal aus ihrer Perspektive gesehen zu haben, bevor man seinen Mund aufmacht.

Die Welt ist nicht schwarz-weiß. Jeder hat einen Grund, warum er das tut was er tut.

Sei es eine schlechte Erfahrung, oder eine Reaktion auf etwas, es gibt IMMER einen Grund und es ist wichtig diesen Grund komplett zu verstehen.

Warum ist das wichtig?

Ganz einfach: Das Leben ist zu kurz um Konflikte zu haben.

Manche mögen sagen es gehört dazu zu streiten. Wir sagen: Nein :D

Es ist pure Zeitverschwendung und unglaublich einfach zu vermeiden, wenn beide zuerst den jeweils anderen verstehen, bevor sie ihre eigene Meinung sagen.

Vielleicht kennst du das von dir selbst.

Wenn du einen Streit hast, hörst du dem anderen kaum zu und wartest nur auf die kleinste Pause um den anderen zu unterbrechen und deine Meinung zu sagen.

Irgendwann geht es im Streit gar nicht mehr um die eigentliche Sache, sondern nur noch darum zu gewinnen. Wie als würde man plötzlich in einem Krieg stehen, in dem es nur noch darum geht, den anderen mit immer härteren Waffen zu verletzen - jeder mit dem Ziel, sich selbst zu schützen.

Und am Ende hat einer "gewonnen" aber beide mögen sich nicht mehr.

Wenn man sich anstrengt, dann mögen sich beide vielleicht doch wieder und die Story die man erzählt ist: Ja, wir sind dadurch jetzt noch mehr zusammengewachsen.

Schwachsinn. Ihr habt einfach nur Zeit in den Sand gesetzt, mit dem Ergebnis, dass danach alles so ist wie vorher :D

Warum nicht gleich den Streit umgehen oder gar nicht erst zustande kommen lassen?

Die Lösung:

Versuche IMMER zuerst die andere Person zu verstehen, bevor du anfängst zu reden. Lass dein Ego aus dem Spiel und versuche nicht zu "gewinnen". Am Ende geht es doch darum, dass man sich mit dem anderen versteht, nicht dass man in einem unnötigen Streit derjenige war, der Recht hatte.

Der Grund, warum wir das hier so ausführlich schreiben ist aber, dass du das auf jede Situation mit anderen Menschen anwenden kannst. Versuche alles zuerst zu 100% zu verstehen, bevor du deinen Standpunkt sagst.

Versuche die Beweggründe, Motivationen und Standpunkte der Person zu verstehen und versetze dich in die Position des anderen.

Und dann können wir dir versprechen, dass du jeden Konflikt lösen kannst. Oder sogar dafür sorgen kannst, dass keine Konflikte mehr entstehen.

Konkret bei uns:

Wir haben uns angewöhnt, immer zuerst die Personen zu verstehen, bevor wir unsere Meinung sagen. Wir wollen verstehen woher sie kommen, welche Beweggründe sie haben, was ihre Motivation ist und wo sie hin wollen. Erst dann sagen wir unseren Standpunkt.

Das versuchen wir auch in privaten Situationen z.B. mit unseren Eltern, unseren Freundinnen oder unter uns beiden. Obwohl wir gerade das Buch "7 Habits of Highly Effective People" gelesen hatten, in dem es genau darum geht, hatten wir eine Konfliktsituation zwischen uns beiden.

Dann wurde uns aber klar, dass wir eventuell das Handeln des anderen einfach falsch interpretiert haben und dem anderen etwas unterstellen, was er gar nicht beabsichtigt hatte.

Wir haben das dann, kein Scheiß, auf ein Blatt Papier geschrieben und uns gegenseitig gefragt: Was ist wirklich passiert und was war unsere Interpretation davon.

Als wir dann die Interpretationen verglichen haben, haben wir gemerkt, dass sie komplett unterschiedlich waren :D Einfach nur dadurch konnten wir den kompletten Konflikt sofort lösen und seitdem ist uns so etwas nie wieder passiert.

Als Kind dachte man immer, dass die Welt schwarz-weiß ist. Es gibt einen Bösewicht und einen Guten. Es gibt einen der Recht hat und einen der nicht Recht hat. Die Welt ist aber nicht schwarz-weiß.

Anstatt zu denken, der andere meint es böse mit dir, verstehe seinen Standpunkt. Vielleicht hast du ja auch etwas getan, was die andere Person nicht gut findet und sie reagiert nur darauf.

Verstehe bevor du verstanden werden willst.

Bullshit #4:

"WENN EINER GEWINNT, VERLIERT DER ANDERE."

Wenn du Fußball in einer Mannschaft spielst, was ist dein Ziel?

Dass du gewinnst.

Und was ist mit der anderen Mannschaft wenn du gewinnst?

Sie verliert.

Von klein auf wird uns dieses Mindset in jeder erdenklichen Situation in den Kopf gebrannt: Wenn einer gewinnt, verliert der andere.

Und dadurch übertragen wir dieses Mindset auf alle möglichen Lebensbereiche. Dabei ist das Leben kein Fußballspiel. Wenn einer gewinnt, warum sollte der andere dadurch automatisch verlieren? Warum können nicht beide gewinnen?

Wäre das nicht für alle Beteiligten besser?

Ja, wäre es. Und das Geile: Es ist auch möglich.

Versuche immer eine Win-Win-Situation zu finden. Das heißt, versuche eine Lösung zu finden, bei der beide Parteien gewinnen.

Und wenn das nicht geht?

Normalerweise geht es immer. Und wenn es doch mal nicht gehen sollte, dann lass es einfach!

Win-Win oder kein Deal. Fertig.

Aber warum ist das wichtig?

Ganz einfach. Was bringt dir das zu gewinnen, wenn dabei immer andere verlieren? Wirst Du dadurch mehr Erfolg haben? Nein! Du machst dir über die Zeit einfach nur mehr und mehr Feinde, die wegen dir immer wieder verlieren.

Versuche IMMER eine Lösung zu finden, bei der der andere auch gewinnt.

Konkret bei uns:

Bei jeder Kooperation, die wir eingehen, müssen alle Parteien gewinnen. Ansonsten machen wir es einfach nicht. Ein paar Beispiele.

Cross-Promotions:

Ein Youtube Kanal empfiehlt den anderen.

Win für beide Kanäle und Win für die Zuschauer, weil sie so neue Kanäle kennenlernen, die ihnen vielleicht auch helfen können.

Und dabei kommt es auch nicht darauf an wer mehr "winnt". Wenn einer dadurch mehr gewinnt als der andere ist uns das scheiß egal, Hauptsache am Ende gewinnen alle.

Kooperationen mit Unternehmen:

Auf unserer Lernplattform haben wir eine Kooperation mit Microsoft gestartet. Wir haben einen Button eingefügt, mit dem Nutzer ganz easy Inhalte von uns in ihr OneNote einfügen können (Digitales Notizbuch von Microsoft).

Dadurch gewinnen alle:

Wir gewinnen, weil wir dadurch etwas verdienen und unsere Plattform aufwerten. Dadurch können wir weiterhin unsere Videos kostenlos anbieten.

Microsoft gewinnt, weil so mehr Nutzer ihr Produkt verwenden.

Die Nutzer gewinnen, weil sie so ein Produkt von Microsoft kostenlos nutzen können und gleichzeitig mit uns lernen.

Wenn bei dieser Kooperation nur wir und Microsoft gewonnen hätten, aber die Zuschauer verloren, hätten wir es niemals gemacht!

Versuche also immer eine Win-Win Situation zu schaffen. Und wenn das einfach nicht geht, dann lass es komplett. Besser man lässt etwas bei dem man selbst gewinnt, aber jemand anderes verliert und kann am nächsten Tag noch ohne Gewissensbisse in den Spiegel schauen.

Bullshit #5:

"1+1 = 2"

1+1 = 2 klingt logisch oder?

Aber was ist, wenn wir dir sagen, dass auch 1+1 = 3 oder 1+1 = 200 geht?

Den Effekt nennt man Synergie. Es bedeutet ganz einfach, dass das Ganze größer oder besser ist als die Summe seiner Einzelteile.

Klingt kompliziert?

Ein Beispiel:

Angenommen du hast ein Projekt, das du alleine lösen musst. Am Ende hast du eine Lösung, mit der du vielleicht zufrieden bist.

Jemand anderes hat das gleiche Projekt und arbeitet auch alleine an der Lösung.

Das Ergebnis: Zwei verschiedene Lösungen, die vielleicht gut sind.

Wenn ihr aber von Anfang an zusammengearbeitet hätte, hättet ihr euch z.B. die Aufgaben teilen können und euch jeweils komplett auf euren Teil konzentrieren können. Am Ende hättet ihr wahrscheinlich ein Ergebnis, das besser ist als jede einzelne Lösung.

Viel zu oft hört man Leute sagen, dass sie der Experte sind und alles alleine besser können. Das stimmt aber meistens nicht.

Wenn man sich gezielt Gedanken macht, wie man Synergien entstehen lassen kann, kommt bei 1+1 nicht 2 raus, sondern vielleicht 10, 100 oder sogar 1000.

Dieses Mindset kann dir in jedem erdenklichen Lebensbereich unglaublich weiterhelfen und spart im Idealfall sogar Zeit.

Konkret bei uns:

Wir haben unsere Firma TheSimpleClub zu zweit gegründet. Seitdem haben wir immer wieder diese Synergieeffekte gehabt, die uns unglaublich schnell unglaublich weit gebracht haben.

Dieses Buch ist sogar so entstanden. Wenn das nur einer von uns geschrieben hätte, wäre es vielleicht nie auf das jetzige Level gekommen.

Theoretisch könnte jeder von uns die Firma alleine leiten. Wir denken genau gleich, wir sind auf dem gleichen Level und haben mit der Firma das gleiche Ziel.

Aber dadurch, dass wir zu zweit sind, uns gegenseitig zu 100% verstehen und immer Win-Win denken schaffen wir einen Synergieeffekt, der das Gesamtbild besser macht, als es jemals möglich wäre, wenn alles nur von einem von uns beiden kommt.

Außerdem macht es viel mehr Bock, wenn man zu zweit ist :D

Bullshit #6:

"Mach einen guten Abschluss, geh studieren und mach Karriere."

Seit unserer Kindheit wird uns von der Gesellschaft das "normale" Leben vorgelebt:

Man geht in die Schule, macht einen guten Abschluss, geht studieren und macht Karriere.

Wenn man alle Leute anschaut, die am Ende dieses Prozesses rauskommen, stellt man schnell fest, dass nicht alle das Leben haben, das man sich selbst wünscht.

Trotzdem folgt man der "Dummheit" der Masse und macht alles genau gleich mit der Hoffnung, dass am Ende was Besseres bei rauskommt.

Wer sagt dir, dass dieser Weg am Ende dorthin führt wo du hinwillst?

Wer garantiert dir, dass dir ein Studium, das vielleicht auch noch Unmengen Geld kostet am Ende ein Leben beschert, das du dir immer gewünscht hast?

Die Website des Studiengangs?

Warum gehst du diesen Weg?

Wenn deine Antwort lautet: "Weil es sich so gehört." oder "Weil es alle machen.", dann solltest du dir dringend nochmal Gedanken machen.

Das Dümmste was du machen kannst, ist einfach allen zu folgen ohne zu wissen warum.

Es gibt auf der Welt so viel mehr Möglichkeiten und Wege die man einschlagen kann, als den Weg den alle gehen.

Die Zeiten, in denen Arzt, Ingenieur und Anwalt die drei renommiertesten Hauptberufe waren sind vorbei. In Zukunft wird es so viele Berufe geben, die jetzt noch gar nicht existieren, dass es unglaublich wichtig ist JETZT zu definieren, was für ein Leben man führen will und was einem wichtig ist.

Das Leben ist zu kurz um den Weg zu gehen, den alle gehen, um nach ein paar Jahren festzustellen, dass man damit nicht glücklich wird.

Konkret bei uns:

Wir sind auch ganz normal in die Schule gegangen und studieren selbst noch.

Um ehrlich zu sein merken wir jetzt aber, dass uns das Studium nur Zeit raubt und in unserer Situation nicht weiterbringt.

Was wir als Geschäftsführer von TheSimpleClub gelernt haben hat uns in den paar Jahren so viel mehr gebracht und wir haben schneller gelernt als je zuvor.

Wir haben unglaublich krasse Leute kennengelernt, die Lebensläufe haben, von denen wir niemals geglaubt haben, dass das möglich ist.

In der Zeit haben wir eines gemerkt:

Es gibt noch viel mehr da draußen. Die Welt steckt voller Möglichkeiten. Sich krampfhaft von der Masse ziehen zu lassen ist hierbei der dümmste Weg den man einschlagen kann.

Bitte auf keinen Fall falsch verstehen:

Wir sagen NICHT, dass studieren aus Prinzip schlecht ist. Für manche Ziele ist es sogar essentiell wichtig zu studieren und dann ist das der beste Weg den man einschlagen kann.

Wir sagen aber, dass das komplett von seinem eigenen Ziel abhängt. Wenn man studiert, sollte man genau wissen warum und das nicht einfach nur deswegen machen, weil alle es machen.

Genau das gleiche gilt natürlich umgekehrt für ein FSJ oder ähnliches. Wenn du nach dem Abi ins Ausland fährst, weil alle deine Freunde das machen, ist das nicht wirklich clever. Wenn du aber das Ziel hast Erfahrungen zu sammeln und auch weißt WARUM du diese Erfahrungen sammeln willst, dann ist das vielleicht eine gute Entscheidung.

Der Kern ist einfach: Triff deine Entscheidungen, weil sie DEINE Ziele unterstützen und nicht, weil alle das so machen. Und vor Allem nicht, “weil es sich so gehört”!

Bullshit # 7:

"Erfolg ist: Krasses Auto, hohes Gehalt, geile Tuss."

Das Wort "Erfolg" wird durch die Medien sehr krass als etwas Materielles definiert. Wenn man "Erfolg" sagt, denkt man sofort an einen superreichen Geschäftsmann mit fetter Karre, Model als Frau und 500 Edel-Anzügen im begehbaren Kleiderschrank.

Auch wenn es nicht falsch ist so etwas auch zu haben, geht "Erfolg" aber viel weiter.

Wir haben in den letzten Jahren viele Menschen kennengelernt die erfolgreich sind ohne Millionen auf dem Konto zu haben.

Wie das geht?

Sie sind einfach glücklich! Vielleicht haben sie die Freiheit ihre Familie so oft zu sehen wie sie wollen. Vielleicht haben sie auch einfach super Freunde, die sie immer unterstützen.

Erfolg bedeutet nicht unbedingt, dass du viel Geld haben musst.

Aber was bedeutet dann "Erfolg"?

Der Duden beschreibt Erfolg so:

"Positives Ergebnis einer Bemühung; Eintreten einer beabsichtigten, erstrebten Wirkung"

Du bist also dann erfolgreich, wenn du dich bemühst etwas zu erreichen und du es am Ende tatsächlich schaffst.

Also wenn es so ausgeht, wie du dir das vorgestellt hast.

Genau das ist auch unsere Definition von Erfolg und genau dafür ist auch das Buch da!

Unser Ziel ist es, dass du in dich gehst und überlegst, was dir im Leben wirklich wichtig ist. Was du mal erreichen willst.

Und im nächsten Schritt zeigen wir dir die Mittel die du brauchst, um das auch wirklich zu erreichen!

Ganz wichtig ist hierbei, dass es keine "Entweder-Oder-Sache" ist!

Es gibt viele Menschen die reiche Menschen sehen und dann sofort sagen "Aber ob der wohl glücklich ist?" oder "Geld ist aber nicht alles."

Wer zum F*CK hat denn gesagt, dass Geld alles ist? Und wer hat denn gesagt, dass man nicht glücklich werden kann, wenn man reich ist?

Genauso ist es einfach falsch zu sagen, dass Menschen durch Geld zu schlechten Menschen werden! Geld verändert nicht den Charakter, sondern verstärkt nur das, was vorher auch schon da war.

Deswegen möchten wir dich um Folgendes bitten:

Gewöhne dir diese Bullshit-Sätze nicht an, die in die Welt kommunizieren, dass man ENTWEDER reich ODER glücklich sein kann.

Das ist falsch und vor Allem:

ES GEHT UNS AUF DEN SACK! :D

Konkret bei uns:

Natürlich spielt Geld für uns auch eine Rolle. Aber unser einziges Ziel ist es nicht nur 5 krasse Karren in der Garage und ein 8000m^2 Haus zu haben.

Unser Ziel ist es finanziell frei zu sein, um die Freiheit zu haben unsere Familie so oft zu sehen wie wir wollen, Zeit mit den Menschen zu verbringen, die uns nahe stehen und anderen Menschen zu helfen.

Wir wollen die Freiheit haben, etwas in der Welt zu bewegen und nicht dabei die Sorge zu haben, dass man deswegen auf der Straße landet.

Uns ist es wichtig, dass wir nachts schlafen können, ohne uns Gedanken darüber machen zu müssen, wann der nächste Gehaltsscheck kommt. Dass wir uns voll und ganz auf das konzentrieren können, was wir wirklich im Leben wollen: Unserer Passion folgen, anderen Menschen einen Mehrwert bieten, anderen helfen ihre Ziele zu erreichen, unsere Kinder aufwachsen zu sehen und Zeit mit unserer Freundin & Familie zu verbringen.

Das sind die Dinge, die uns mal "erfolgreich" machen sollen.

Definiere also für dich, was "Erfolg" für dich bedeutet und arbeite daran dieses Ziel zu erreichen.

Geld ist nicht das Ziel, sondern nur ein Mittel zum Ziel.

Bullshit #8:

"ERFOLGREICHE LEUTE HABEN EINFACH GLÜCK / TALENT."

Wenn jemand Erfolg hat oder etwas krasses auf die Beine gestellt hat, gibt es immer wieder die Leute die sagen: "Ach der hatte aber Glück!" oder "Wow, wenn ich so viel Talent hätte, könnte ich das auch.".

Wir möchten zwei Dinge klarstellen:

Niemand ist erfolgreich, nur weil er Glück hatte.

Mit Talent alleine kommt man nicht weit. Man muss trotzdem extrem viel Arbeit reinstecken.

Warum ist das so wichtig?

Die Leute sagen so etwas, weil sie eine Ausrede finden wollen. Wenn jemand anderes Erfolg hat, fragen sich viele instinktiv, warum sie nicht auch so erfolgreich sind.

Die Ausrede ist dann meistens, dass manche Menschen mehr Glück als andere haben und deswegen erfolgreich sind.

Oder dass manche Menschen einfach mit einem gewissen Talent auf die Welt kommen und deswegen erfolgreich sind.

Um ehrlich zu sein, machen uns solche Aussagen richtig wütend.

Wenn man sehr viel Arbeit in eine Sache gesteckt hat, ist es die größte Beleidigung, wenn Leute den Erfolg mit Glück oder Talent begründen. Dadurch ignorieren sie einfach den harten Weg, den man davor gegangen ist und die ganzen Nächte, die man dafür vielleicht durchmachen musste.

Erfolg kommt nicht durch Glück. Glück kommt nämlich nicht von alleine. Es braucht eine Angriffsfläche.

Der Großteil bezeichnet Glück als das Ergebnis von vielen Entscheidungen und viel Arbeit, die überhaupt dafür gesorgt haben, dass man Glück hat.

Manche sagen: “Irgendwann hab ich Glück und finde den Partner fürs Leben.”

Wenn du den ganzen Tag nur auf der Couch sitzt, dann wird dieses Glück aber nie kommen! Du musst deinen verdammten Arsch vor die Tür setzen und dem Glück eine Angriffsfläche bieten. Zum Beispiel in dem du dir paar Eier wachsen lässt und mal andere Menschen ansprichst.

Wer keinen Lottoschein ausfüllt kann auch nicht erwarten im Lotto zu gewinnen :D

(Nur ein Beispiel! Fülle bitte nie einen Lottoschein aus. Das ist die dümmste Ausgabe, die du machen kannst... :D)

Konkret bei uns:

Wenn wir im Nachhinein auf Situationen zurückblicken, müssen wir oft sagen: “Wow, da hatten wir echt Glück!”

Aber wenn wir darüber nachdenken, dann war das eigentliche “Geheimnis” des Erfolgs nicht Glück, sondern der Weg dorthin, um dem Glück überhaupt eine Angriffsfläche zu bieten.

Z.B. “Fuck hatten wir Glück diese Person kennenzulernen! Ohne die wären wir echt am Arsch.”

Aber wenn wir darüber nachdenken, dann war das kein Glück, sondern das Ergebnis davon, dass wir eben auf viele Veranstaltungen gegangen sind. Dass wir eben viele Vorträge vor wichtigen Leuten gehalten haben. Dass wir immer offen waren und Leuten gezeigt haben, dass sie mit uns arbeiten können. Dass wir eben anderen einen Gefallen getan haben, sodass sie uns wiederum zu anderen Leuten connected haben.

Das alles hat dann letztendlich dazu geführt, dass wir irgendwann “Glück” hatten.

Hätten wir die Arbeit davor aber nicht reingesteckt, wäre das “Glück” nie gekommen.

Du hast Einfluss darauf, ob du im Leben Glück hast oder nicht.

Bullshit #9:

"Luxus ist nur was für Reiche."

Luxus. An was denkst du, wenn du das Wort hörst? Eine geile Karre? Eine riesige Villa? Eine Yacht im Hafen mit Whirlpools, Champagner und Partys bis in die Nacht?

Die Medien, die Gesellschaft, ja sogar teilweise unsere Erziehung haben dieses Weltbild in unseren Kopf gesetzt.

Diese Art von Luxus hat sich in den letzten Jahrzehnten als DAS Antriebsmittel für Arbeiter & Unternehmen etabliert. Große Unternehmen bieten Mitarbeitern geile Büros, geile Aussichten auf den Central Park, teure Anzüge und krasse Weihnachtsfeiern. Alles mit dem Ziel, die Mitarbeiter zu motivieren und zu binden.

Aber was ist der Preis?

60 Stunden Arbeit pro Woche. Arbeiten bis spät in die Nacht. Überforderung. Stress. Und im worst case schon den Burnout mit Mitte 30.

Ist es das wirklich wert?

Du wirst jetzt wahrscheinlich sagen: Nein.

Jetzt kommt die Punchline: Muss es aber auch nicht!

Und vor Allem: Es ist hier wieder KEINE "Entweder-Oder-Sache"!

(Wir finden nämlich Whirlpools, Champagner und Yachten nach wie vor geil :D)

Wir haben in den letzten Jahren die Erfahrung gemacht, dass Luxus eine Frage der Definition ist. Und vor allem ist Luxus auch viel einfacher zu erreichen, als man im ersten Moment denkt.

Was ist also wirklicher Luxus?

Für uns ist es gewissermaßen Freiheit. Die Freiheit zu arbeiten wann und wo man will. Die Freiheit sich Zeit für sich, seine Freunde und seine Familie zu nehmen, wann man will. Nicht wann es einem der Chef sagt. Die Freiheit das zu tun, auf das man gerade am meisten Bock hat.

Und das Schöne an der Geschichte: Wir leben in einer Zeit, in der es nie einfacher war diesen Luxus zu erreichen!

Durch das Internet sind wir nicht mehr an Orte gebunden. Plötzlich haben wir Freunde auf der ganzen Welt! Dein Austauschschüler aus der USA kann dich 24/7 erreichen, ihr könnt in Echtzeit miteinander sprechen, Erfahrungen teilen und Emotionen austauschen! Vor 100 Jahren wäre das nie vorstellbar gewesen.

Und das gilt nicht nur fürs Privatleben! Das Internet hat einen riesigen Impact aufs Arbeitsleben. Arbeiten von wo aus man will. Egal ob im Büro, Zuhause oder von der Hängematte aus Bali. Mit der richtigen Internetverbindung spielt es für so viele Jobs keine Rolle mehr wo du bist. Google Hangout, Skype, Facebook, Slack. Alles Tools, die genau dafür entwickelt wurden. (Am Ende des Buchs mehr Tipps dazu.)

Dazu kommt, dass es nie günstiger war zu reisen. Mit AirBnb kannst du dir Wohnungen auf der ganzen Welt suchen. Mit Billigfluglinien fliegst du teilweise für 9,99 € ans Meer! Fernbusse, Uber, Mitfahrgelegenheiten. Die Konkurrenz wird immer größer und das drückt für uns Kunden den Preis. Du musst nur wissen wo du suchen musst und die Welt steht dir quasi offen.

Dazu eine lustige Geschichte: Ein guter Freund von uns (und Autor von TheSimpleClub) ist mal für EINEN fucking Euro mit dem Fernbus nach Barcelona gefahren! EIN Euro! Inzwischen ist eine Kugel Eis teurer. Genau der Freund war wahrscheinlich in den letzten 2 Jahren in mehr Ländern, als wir beide in unserer gesamten Kindheit zusammen. Nicht weil er reich ist (er ist stinknormaler Student, und jeder stinknormale Student hat

Geldprobleme). Nein, sondern weil er richtig plant und die Möglichkeiten ausnutzt. Und das ermöglicht ihm jetzt schon einen Luxus zu haben, den manche in ihrem ganzen Leben nicht erfahren.

Konkret bei uns:

In unserer Firmenkultur von TheSimpleClub gilt immer der Grundsatz - und das sagen wir in jedem Teammeeting: "Hey, wir können machen was wir wollen!". Und genau das haben wir auch umgesetzt!

Wir wollen unser Team und uns selbst nicht mit teuren Sachen und krassen Partys entlohnen, während wir sie andererseits 60 Stunden in ein Büro einsperren und zum Arbeiten knechten. Warum auch? Wir können ja machen, was wir wollen :-)

"Remote Work" ist bei uns ein großes Thema: Arbeiten wann und wo man will, solange man seine Aufgaben erledigt und seine Verantwortlichkeiten erfüllt. Warum sollten auch alle immer im Büro sein müssen. "Nine to Five", also arbeiten mit festen Arbeitszeiten von morgens bis abends und um Punkt 5 Uhr direkt nach Hause, ist komplett veraltet. Warum sollte jemand im Büro die Zeit absitzen, wenn er schon längst fertig ist mit seinen Aufgaben? Warum zwingt man überhaupt Mitarbeiter zu einem festen Zeitpunkt im Büro zu sein? Was ist, wenn jemand abends viel produktiver arbeitet? Was ist, wenn jemand morgens sein Kind zur Schule bringen will?

Das sind alles Aspekte die viel mehr entscheiden, ob jemand Luxus hat oder nicht. Was bringt dir ein geiles Büro, wenn du 12h arbeiten musst, aber nicht mal mehr Zeit hast, deinem Kind eine Gute-Nacht-Geschichte vorzulesen?

Genau das treibt uns an. Und genau dieses Mindset wollen wir dir mitgeben!

Das Lustige: Als wir die Idee für das Buch hatten und die ersten Entwürfe geschrieben haben, waren wir gerade auf Mallorca: Außerhalb der Saison, für 20€ hingeflogen, für ca. 40€ zurück. Das AirBnB-Apartment hat auf eine Person runtergerechnet 150€ für eine Woche gekostet. Das ist nur ein Tick mehr als unsere richtige Wohnung zu dem Zeitpunkt gekostet hatte. Mit dem kleinen Unterschied, dass das AirBnB Meerblick hat und unsere Wohnung... naja wie formuliert man es am besten ... Bahnblick.

Genau in dem Moment als der Entwurf dieses Kapitels entstand, saßen wir beide im Esszimmer, mit Blick auf das Mittelmeer, im Hintergrund die "Serra de Tramuntana" und die rot-glühende Sonne, die gerade am Horizont verschwand. Nico in einer Hängematte, Alex neben dran am Esstisch mit einem großen Löffel Ben&Jerrys Peanut Butter Cup. Kein Scheiß :D

Mit 22 Jahren hatten wir in den letzten 2 Jahren extrem viele Länder bereist. Und das ohne Urlaub nehmen zu müssen. Wenn wir morgens mal ausschlafen wollten, könnten wir das jederzeit tun. Wir können Montags frei machen, weil da das Schwimmbad leerer ist und Sonntags im Büro durcharbeiten, um unsere Ruhe zu haben.

Alles liegt in unserer Hand, weil wir es uns so ausgesucht haben.

Und das ist unsere Definition von Luxus.

Bullshit #10:

"ARBEITE VIEL UM VIEL ZU ERREICHEN!"

Man hört ganz oft die krassen Erfolgsstories oder Geschichten von scheinbar erfolgreichen Menschen: "Oh krass, der arbeitet so hart, der schläft immer nur 4 Stunden jede Nacht." oder „Oh krass, der arbeitet jeden Tag 16 Stunden, der muss ja richtig erfolgreich sein." Oft hat man dann vor solchen Leuten Respekt. „Krass, die sind so erfolgreich, die arbeiten richtig viel."

Ganz ehrlich: Das ist Bullshit. Egal was du machst, messe niemals deinen Erfolg daran, dass du gerade ganz viel Zeit in eine Sache steckst. „Zeitaufwand" darf nämlich nicht mit „Produktivität" verwechselt werden. Nur weil jemand ganz viel arbeitet, bedeutet das nicht, dass er auch erfolgreich ist. Oder nur weil jemand ganz viel arbeitet, bedeutet es nicht, dass er wertvoller für ein Unternehmen ist.

Im ersten Schritt geht es IMMER darum herauszufinden, wie du clever arbeitest.

Dazu gibt es eine schöne Geschichte, die das perfekt auf den Punkt bringt:

Im alten Ägypten gab es zwei Arbeitersöhne. Der Pharao sagte zu beiden:

"Wenn ihr es schafft eine Pyramide zu bauen, dann erfülle ich euch jeden Wunsch, den ihr habt."

"Geile Sache!", sagten beide.

Daraufhin der Pharao: "Aber jeder von euch muss seine Pyramide komplett alleine bauen."

Etwas bestürzt gingen beide nach Hause und dachten darüber nach. Letztendlich kamen sie aber zu dem Entschluss, dass sie wenig zu verlieren hatten und viel zu erreichen. Warum sollten sie es nicht einfach versuchen?

Der erste fing sofort an einen Stein nach dem anderen mühsam an die Stelle der zukünftigen Pyramide zu schaffen. Die Steine waren unglaublich schwer und er brauchte ewig.

Nach einem halben Jahr hatte er aber endlich die unterste Reihe der Pyramide fertig.

Stolz über seinen ersten Erfolg ging er zu dem anderen Arbeitersohn, um zu schauen wie weit er gekommen war. Zu seinem Erstaunen stellte er fest, dass der andere noch nicht mal angefangen hatte. Erstaunt darüber ging er wieder zu seiner angefangenen Pyramide zurück und machte weiter.

Bloß hatte er ein Problem. Die zweite Reihe an Steinen konnte er unmöglich über die erste Reihe anheben. Er hatte zu wenig Kraft.

Seine Idee: Er müsste doch einfach nur mit dem stärksten Mann aus der Stadt trainieren, sodass er so stark wird, dass er die Steine aus eigener Kraft auf die erste Reihe heben kann.

Also fing er an zu trainieren. Ein weiteres halbes Jahr ging zu Ende.

Deutlich stärker als vorher fing er jetzt an die Steine anzuheben und die zweite Steinreihe anzufangen. Nach einem Jahr hatte er die zweite Reihe fertig.

Stolz ging er wieder zu der Stelle, an der die Pyramide des anderen mal stehen sollte. Aber was er vorfand verwunderte ihn zutiefst:

Zwei Jahre waren vergangen und der andere hatte immer noch nicht angefangen auch nur einen Stein zu setzen.

Zuversichtlich ging er wieder zu seiner eigenen Pyramide zurück und machte fleißig weiter.

Zehn Jahre später, nachdem er jeden Tag stundenlang geschuftet hatte und immer noch lange nicht fertig war, hörte er plötzlich Jubelrufe aus der Ferne.

Er legte den Stein, den er gerade angehoben hatte, wieder ab und folgte den Rufen.

Plötzlich sah er eine riesige Menschenmenge, die sich um die Stelle versammelt hatte, an der die Pyramide des anderen stehen sollte.

Es war unglaublich.

Eine gigantische Maschine aus Holzstützen und Seilen hielt einen tonnenschweren Stein in der Schlinge und hob ihn 30 Meter über dem Boden auf die vorletzte Reihe der fast fertigen Pyramide.

Der fleißige Sohn rannte zu dem anderen und schrie ihn an:

“Das hast du niemals alleine gemacht! Du hast viel später angefangen als ich und jetzt bist du fast fertig! Du hast betrogen!”

Der andere antwortete ganz ruhig:

“Nein. Während du zehn Jahre lang deines Lebens verschwendet hast, habe ich acht Jahre investiert, um eine Maschine zu konstruieren, die die Arbeit für mich macht. In den restlichen zwei Jahren hat diese Maschine meine Pyramide gebaut.”

Zehn Jahre Bau verglichen mit zwei Jahren Bau. Und trotzdem ist der letztere weiter gekommen.

Genauso ist es auch im Leben.

Definiere für dich ganz genau was das Ziel ist. Dann überlege dir, was der cleverste Weg ist, dieses Ziel mit so wenig Arbeit wie möglich zu erreichen.

Und wenn du den Prozess beschleunigen willst, dann investiere in diesen cleveren Weg einfach mehr Zeit.

Nicht einfach nur viel arbeiten.

Sondern zuerst clever sein und dann viel arbeiten.

Konkret bei uns:

Bei jedem Projekt das wir haben, fragen wir uns am Anfang immer: Was ist der cleverste Weg das ganze anzugehen? Gibt es vielleicht Tools, die die Arbeit automatisieren? Was kann ich machen, um in der gleichen Zeit mehr zu schaffen?

Wenn du mit unserem Team sprechen würdest, würden sie dir erzählen, dass wir allein in den letzten zwei Jahren unseren Workflow gefühlt 1000x umgeschmissen haben :D

Das haben wir nicht gemacht, weil wir jedes Mal etwas falsch gemacht haben. Sondern weil wir immer wieder zusammen mit unserem Team Wege gefunden haben, die gleichen Ergebnisse schneller und cleverer zu erreichen. Oder sogar mit gleichem Zeitaufwand ein noch besseres Ergebnis zu erreichen.

Und das ist auch der Tipp, den wir dir geben können:

Denke so wie der clevere Arbeitersohn aus der Geschichte. Schreibe dir genau auf, was das Ziel ist und überlege dir dann bevor du mit der eigentlichen Arbeit anfängst, was der cleverste Weg ist, dieses Ziel zu erreichen.

Alex hat in seinem Maschinenbaustudium eine Klausur gehabt, bei der er 4 Stunden für eine technische Zeichnung Zeit hatte.

Davor haben alle Professoren erzählt, dass die meisten durchfallen, weil sie nicht fertig werden.

Nach 3 Stunden hatte Alex noch keinen einzigen Strich auf das Papier gezeichnet. Jeder andere in der Klausur hatte bis dahin schon sein ganzes DIN A1 Blatt vollgezeichnet. Stattdessen suchte er mit Hilfe von Symbolen nach einem cleveren Weg, die technische Zeichnung schnell und ohne Radieren zu erstellen.

Das hatte so viel Zeit in Anspruch genommen, dass während der Klausur ein Tutor zu ihm hingerannt ist und ihn vor dem ganzen Hörsaal zusammengeschissen hat, wie dumm er eigentlich sei, noch nicht mal angefangen zu haben. :D

Aber dann hat er angefangen die eigentliche Zeichnung zu machen, musste kein einziges Mal korrigieren und war eine halbe Stunde vor den meisten anderen fertig.

Definiere das Ziel, finde den cleversten Weg, lass dich nicht davon beirren, was alle anderen machen und dann gib Vollgas!

Bullshit #11:

"Wär ich doch nur so schlau wie Mark Zuckerberg!"

"Aber ich weiß doch nicht wie!"

"Oh Mann, wenn ich nur so schlau wäre!"

"Aber das kann ich halt einfach nicht."

Das sind die typischen Sätze die man hört, wenn man jemanden fragt, warum er nicht angefangen hat. Die meisten Menschen glauben nämlich, dass man extrem intelligent sein muss, um etwas zu erreichen. Man braucht einfach die Begabung. Und wenn man die eben nicht hat, dann kann man da ja nichts dafür.

Wir sagen: Alles Ausreden.

Denkst du Mark Zuckerberg ist schlau geboren und wusste wie man Code schreibt? Denkst du Mark Zuckerberg ist der schlauste Mensch der Welt, nur weil er eines der größten Businesses der Welt hat? Wohl kaum.

Begabung fällt nicht einfach vom Himmel. "Begabung" ist immer das Resultat von extrem harter Arbeit. Eben genau wie Mark Zuckerberg nicht einfach mal Facebook aus seinem Ärmel geschüttelt hat, nur weil er "so intelligent" ist. Nein, er hat wahrscheinlich wochenlang daheim in seinem dunklen Kämmerchen programmiert! Harte Arbeit.

Genauso Spitzensportler. Denkst du, die sind geboren und konnten als Kind schon so weit springen? Nein! Die sind jeden fucking Tag um 6 Uhr morgens aufgestanden, haben sich an einem Tag gesünder ernährt als der Durchschnittsdeutsche in seinem ganzen Leben und dann 8 Stunden trainiert. Und das nicht für eine Woche. Nein, jahrelang!

Und genau das wollen wir dir mitgeben: Du kannst alles erreichen! Du kannst alles lernen! Du kannst alles starten was du willst.

WENN du bereit bist die Arbeit reinzustecken.

Wir leben in einer Zeit, in der Informationen nie leichter zugänglich waren. Wir bekommen alle in der Schule das Lesen & Schreiben beigebracht. Die Grundskills, die uns die Welt öffnen. Die Geschichte zeigt, dass das nicht immer so war. Du kannst einfach in eine scheiß Bibliothek gehen und dir alles Wissen dieser fucking Welt ziehen! Stell dir das mal vor und mach dir das mal bewusst.

Ok zugegeben, wer geht schon in die Bibliothek. Deswegen anders: Du kannst jetzt dein Smartphone aus der Hosentasche holen, deinen Browser öffnen und was in das Suchfeld eingeben. Na, weißt du was wir meinen?

Richtig: Google.

6 Buchstaben die unsere Welt komplett verändert haben. Mit diesen 6 Buchstaben kannst du - wie in der Bibliothek - auf alles Wissen dieser Welt zugreifen. Und das innerhalb von Sekunden.

Bücher, Podcasts, Blog-Artikel, Foren, Youtube-Videos, e-Books, Audiobooks, Seminare, Webinare, usw.

Alles Quellen von unfassbar wertvollem Wissen, das einfach nur darauf wartet von dir geholt zu werden.

Mach dir das immer bewusst: Wenn du etwas machen willst, zählt nie die Ausrede, dass du das nicht kannst! Du kannst es nämlich immer lernen!

Konkret bei uns:

Denkst du, wir wussten von unserer Geburt an wie man coole Videos macht? Ganz und gar nicht! Wir haben dir ja oben schon von unseren Anfängen erzählt. Wir hatten keinen blassen Schimmer wie man coole Videos macht!

Wir haben echt tagelang gearbeitet, uns Tutorials angeguckt, wieder tagelang gearbeitet und trotzdem die ersten Videos alle weggeworfen, weil es so scheiße war.

Wir hatten keinen blassen Schimmer von Schnittprogrammen, von gutem Design, von Animationserstellung, wie man Ton aufnimmt, etc. Das sind alles Sachen die wir uns beigebracht haben. Einfach über das Internet. Google war unser bester Freund.

Genauso: Glaubt ihr Alex ist mit einer geilen sexy Stimme geboren?

Ist er nicht. Nico kann es bestätigen. Er hat auch einfach wochenlang geübt, sich Sprechtutorials angeguckt, mit Korken im Mund trainiert, solange, bis sich das ganze endlich gut angehört hat.

Niemand von uns war begabt in dem Bereich. Niemand von uns hatte jemals ein Video produziert. Wir haben uns das alles selbst beigebracht. Und in der jetzigen Zeit ist es so einfach wie nie zuvor.

Bullshit #12:

"Hätte ich doch nur die Idee für Facebook gehabt!"

"Jaja, hätte ich damals nur die Idee für Facebook gehabt, dann wär ich jetzt auch reich."

Vollidiot. Große Sprüche klopfen kann jeder. Vor allem mit 3 Bier intus am Stammtisch Freitags um 16 Uhr mit fettem Bauch. In unserer Kindheit wurde immer gesagt: "Du brauchst nur eine gute Idee, eine richtig gute Idee, dann wirst du reich." Wie "Bill Gates". Oder wie man heute wahrscheinlich zu seinen Kindern sagt: "Wie Mark Zuckerberg."

Das traurige: Irgendwie hat man das dann geglaubt. Was wir aber in den letzten Jahren gelernt haben ist eins: Ne Idee ist genau das wert: Ja genau. Nichts.

Tony Robbins hat mal geschrieben: "Knowledge isn't power. Knowledge is just potential power." und genau das trifft auch auf Ideen zu. Ne geile Idee ist geil, aber das wars auch schon. Viel entscheidender ist die Umsetzung.

Facebook als Idee ist jetzt nicht das Allerkrasseste. Super innovativ ist das Netzwerk nicht unbedingt, es gab schon zig andere soziale Netzwerke. Letztendlich hat die Umsetzung entschieden.

Es ist auch nicht die krasseste Idee, ein für jeden Normalsterblichen zugängliches Elektroauto zu bauen.Da kam jeder große Automobilhersteller bestimmt schon drauf. Das wirklich Kranke daran war die Anstrengung von Tesla und Elon Musk, das auch wirklich umzusetzen.

Konkret bei uns:

Auch unsere Idee für "coole Nachhilfevideos" war nicht besonders innovativ. Jeder der sich 5 Sekunden mit der Thematik auseinandersetzt kann auf die Idee kommen. Und wirklich lange haben wir dafür auch nicht gebraucht, man kann also auf keinen Fall sagen, dass wir eine "so geniale Idee" hatten.

Letztendlich hat die Umsetzung entschieden. Die harte Arbeit das Ziel zu erreichen. Jede Woche die Videos zu produzieren, obwohl sie am Anfang nur 3 Hänsel angeguckt haben. Zeit zu opfern für etwas, wovon man noch gar nicht weiß, ob es funktioniert. Abstriche zu machen, weil man ein Ziel hat. Das sind die wirklichen Stärken. Das ist etwas, worauf man am Ende stolz sein sollte. Nicht die reine Idee, die jeder Besoffene am Stammtisch von sich geben kann.

Wir lesen sehr oft in den Kommentaren: "Oh so richtig perfekt war das jetzt nicht erklärt. Ich könnte das viel besser.". Ganz ehrlich: Ist schon ziemlich witzig zu lesen.

Wo sind denn deine 1000 Videos in denen du es besser machst? Los, fang an! Zeig uns wie es besser geht wenn es doch so einfach ist. Was hindert dich daran?

Bestimmt sind viele Videos von uns nicht zu 100% perfekt erklärt und bestimmt kann man vieles besser machen. Der entscheidende Punkt ist aber, dass die Videos überhaupt da sind. Und, dass die Videos so vielen Leuten helfen.

Und das ist der Punkt: Was hilft am Ende mehr?

Die Idee für das Medikament Krebs zu heilen, oder das Medikament selbst?

Die Idee für Nachhilfe-Videos, oder das Nachhilfe-Video selbst?

Die Idee, oder die Umsetzung?

Let's go!

Bullshit #13:

"Aber ich hab doch schon so viel Zeit reingesteckt."

Kennst du folgende Situation?

Du sitzt mit Freunden im Kino, und so nach einer Stunde Film merkst du langsam, wie unnötig es gerade ist, dass ihr noch da seid. Der Film ist richtig scheiße und komplette Zeitverschwendung. Trotzdem bleibt ihr sitzen und zieht euch das Ding bis zum Ende rein. Immerhin habt ihr ja Geld dafür bezahlt.

Das ist richtig dumm.

Wenn du im Kino merkst, dass der Film dir keinen Wert bietet (weil er dich z.B. nicht unterhält), dann macht es keinen Sinn auch länger zu bleiben. Die Begründung "ja aber ich hab doch dafür bezahlt" zählt nicht! Du hast ja schon bezahlt! Dein Geld ist weg. Egal ob du bleibst oder nicht, die Kohle kommt nicht wieder. Wenn du aber länger sitzen bleibst, dann verlierst du nur noch mehr Zeit!

Genau das nennt sich "versenkte Kosten", oder auf Englisch "sunk costs".

Versenkte Kosten sind also Kosten die entstanden sind, die du sicher nie wieder bekommst. Wie gesagt, egal ob du aus dem Kino gehst oder nicht, du wirst dein Eintrittsgeld nicht wieder bekommen.

Oder ein anderes Beispiel: In einer Firma arbeiten mehrere Mitarbeiter an einem Projekt. Sie haben schon extrem viel Zeit und Geld reingesteckt und plötzlich merkt der Chef, dass das Projekt voll für den Arsch war. Egal ob das Projekt beendet wird oder nicht, man wird es danach wegwerfen können, weil es niemand braucht. Viele Manager machen es dann falsch: Es wurde doch schon soooo viel Arbeit reingesteckt, es wäre doch jetzt dumm das Projekt zu beenden.

Bullshit! Es wäre dumm das Projekt NICHT zu beenden! Wenn klar ist, dass das Projekt abkacken wird, dann zählt die Begründung, dass schon soviel reingesteckt wurde nicht!

Das sind versenkte Kosten! Egal ob das Projekt weitergeführt wird oder nicht, das Geld und die Zeit sind schon versenkt, die bekommt man nicht wieder.

Mach dir das Konzept von "sunk costs" immer wieder klar! Es darf NIEMALS die Begründung sein an etwas zu arbeiten "nur weil man schon so viel daran gearbeitet hat.". Überlege immer genau WARUM du gerade das tust was du tust, und wenn du merkst es hat keinen Wert, dann lass es und hör auf. Scheiß auf die versenkten Kosten, die bekommst du sowieso nicht mehr!

Konkret bei uns:

Wir haben zum Beispiel in der Zeit, als wir dieses Buch geschrieben haben, neue Wireframes für unsere TheSimpleClub-App designed. Wir haben uns extrem viele Gedanken gemacht, wie unsere neue App-Version aussehen könnte und sogar schon alles fertig als Prototyp designed. Jeder Pixel war schon final fertig und wir waren ziemlich begeistert davon. Kurz nach Fertigstellung hatten wir dann ein paar Schüler bei uns als Fokusgruppe im Büro, mit dem Ziel, Feedback zu diesem Prototypen zu bekommen. Das Ergebnis:

"Mmhh, der Prototyp ist viel zu clean!"

"Das passt gar nicht zu euch, das muss verspielter sein!"

"Orientiert euch mal mal an ..."

"Die jetzige Version finde ich deutlich besser!"

Wir hatten mit dem Prototyp also komplett die Zielgruppe verfehlt. Richtig kranker Fail :D

Danach hatten wir sofort erkannt: Ok, wir haben viel Arbeit und Zeit reingesteckt, aber wir wissen jetzt zu 100% sicher, dass diese neuen Designs nicht cool sind. Wir werfen also alles weg, scheiß auf die versenkten Kosten.

Klar, das ist eine ziemlich harte Entscheidung. Wir hätten ja genauso auf die Meinung der Zielgruppe scheißen können, aber dann hätten wir das nur gemacht, "weil wir doch schon sooo viel Arbeit reingesteckt haben."

Und das wäre wieder dumm.

Genauso verhält es sich zum Beispiel auch mit dem Lesen eines Buches. Wenn du irgendwann ab der Hälfte merkst, dass dir das Buch gerade keinen Mehrwert bietet, dann hör auf! Breche das Buch ab! Nur weil du dafür bezahlt hast, musst du ja nicht unbedingt das Buch fertig lesen. Die Kosten sind versenkt. Wenn du weiterliest, obwohl es dir keinen Mehrwert bietet, verschwendest du nur noch mehr Zeit und damit mehr Kosten.

Falls du auch in diesem Buch merken solltest, dass dir ein bestimmtes Kapitel nicht wirklich etwas bringt, dann überspringe das Kapitel oder lass es ganz sein. Wir raten natürlich davon ab, immerhin weißt du ja jetzt durch uns, was "sunk costs" sind :-)

Bullshit #14:

„YOLO."

Yolo. Das eine Wort das inzwischen so oft gesagt wurde, dass einem die Ohren bluten, wenn man es wieder hört :D

Das Wort, das repräsentativ für die Einstellung "Live fast, die young." steht.

Das Wort, das so kurzfristig gedacht ist, wie das Gedächtnis einer Eintagsfliege.

Ok, ich glaube du hast verstanden, worauf wir hinaus wollen :D

Was wir damit sagen wollen:

Es gibt einen großen Unterschied zwischen kurz- und langfristigem Denken. Und meistens schließt das eine das andere aus.

Kleines Beispiel:

Dein Ziel ist es in 6 Monaten einen Strandkörper zu haben. Aber plötzlich stehst du in der Süßigkeitenabteilung und würdest verdammt gerne drei Pfund Snickers holen.

Dein kurzfristiges Ziel ist es, den geilen Geschmack von Snickers zu haben. Wenn du das aber durchziehst, geht dein langfristiges Ziel vom Strandkörper flöten.

Wenn du aber auf das kurzfristige Ziel scheißt, dann bist du deinem langfristigen Ziel einen Schritt näher gekommen.

Das ist jetzt ein sehr simples Beispiel, aber es lässt sich auf viele weitere Lebensbereiche übertragen.

Tony Robbins hat etwas gesagt, was es perfekt auf den Punkt bringt:

"People overestimate what they can achieve in 1 year, but totally underestimate what they can achieve in 10 years."

Er hat absolut Recht.

Wir wollen immer alles schnell haben. Aber wenn es darum geht 10 Jahre lang konsequent die Arbeit reinzustecken, geben die meisten auf, obwohl es ziemlich wahrscheinlich ist, dass sie nach 10 Jahren etwas krasses erreichen würden.

Oft muss man einfach die Geduld haben und konsequent in kleinen Schritten jeden Tag einen Schritt näher an sein Ziel kommen.

Konkret bei uns:

Wir wissen, dass wir lange nicht an dem Punkt sind, an dem wir mal sein wollen, aber wir sind uns sicher, dass wir das erreichen werden und wir haben auch die Geduld dazu.

Die letzten paar Jahre haben wir dafür genutzt uns Skills anzueignen, um unsere Ziele zu erreichen. Das hat uns wiederum noch mehr darin bestätigt, dass wir Zeit brauchen und dass es das Wert ist.

Und genau deswegen schreiben wir dieses Buch:

Um dir die Skills und Werkzeuge zu geben, um deine eigenen Ziele zu erreichen.

Bullshit #15:

„ICH HAB JA NOCH SO VIEL ZEIT!"

Am Ende dieses Kapitels ein Satz, der zwar sehr krass ist, aber unfassbar motiviert:

Du wirst sterben.

Was sich im ersten Moment anhört wie ein Schlag ins Gesicht ist im zweiten Moment eine Erkenntnis die wichtiger nicht sein könnte.

Mache dir klar, dass du nur ein Leben hast. Alles wird mal vorbei sein.

Du kommst auf die Welt, dann lebst du ein paar Jahre und irgendwann gehst du wieder.

Alles was dazwischen passiert ist dein Leben. Wenn du das nicht so lebst wie du es dir wünschst, könnte man eigentlich sagen, du hast umsonst gelebt.

Um das noch deutlicher zu machen:

Angenommen du wirst 80 Jahre alt.

Dann hast du seit deiner Geburt 4.160 Wochen Leben.

Wenn du gerade 19 Jahre alt bist, hast du schon fast 1.000 Wochen davon hinter dir.

Bleiben dir noch 3.000 Wochen. Und jetzt überleg dir wie schnell die Zeit bis jetzt vergangen ist.

Krank oder? :D

Sobald du dir das klar machst wird dir bewusst: So viel Zeit hast du gar nicht.

Und im nächsten Schritt: Wenn ich nur so wenig Zeit habe, dann soll sich diese Zeit auch lohnen!

Und genau deswegen schreiben wir dieses Buch.

Unsere Motivation ist es, dir zu helfen herauszufinden, was für ein Leben du mal führen möchtest und konkrete Ziele zu definieren.

Und im nächsten Schritt dir zu helfen, diese Ziele zu erreichen.

Wenn du bis jetzt noch nicht gehyped bist, dann geh mal in ein Altersheim und frag die Leute dort nach den Dingen, die sie am meisten bereuen.

Sie werden dir nicht sagen, dass sie Dinge bereuen, die sie falsch gemacht haben. Sondern, dass sie ihr Leben nicht so gelebt haben, wie sie es wollten. Das ist eine Generation, die ihr ganzes Leben gearbeitet hat, um in Rente zu gehen und dann frei zu sein.

Der Fehler in der Rechnung ist aber, dass sie dann alt sind und viele Dinge, die sie gerne in ihrer Freiheit machen würden, nicht mehr machen können.

Wir leben in der wohl besten Zeit ALLERZEITEN. Du hast mehr Möglichkeiten deine Träume zu erfüllen als je zuvor. Du hast Zugang zu endlosem Wissen, du kannst mit Menschen auf der ganzen Welt kommunizieren, du kannst für 29 Euro in ein Paradies fliegen und auf Wellen surfen, die man nur aus “People Are Awesome”-YouTube-Videos kennt.

Nutze die Zeit die du hast.

Lehn dich nicht zurück und mache nichts, sondern erfülle dir deine Träume, indem du sie zuerst konkret definierst und dann daran arbeitest sie zu erreichen.

Arbeite nicht in deinen jungen Jahren 80 Stunden die Woche, mit der Hoffnung irgendwann frei zu sein, sondern nimm dir JETZT schon Zeit frei zu sein.

Gehe nicht den Weg den alle gehen, nur WEIL ihn alle gehen, sondern gehe Wege, die dich näher an dein Ziel bringen.

Stell dir vor, was du am Ende deines Lebens rückblickend sagen möchtest und worauf du stolz sein willst. Das sind genau die Dinge, an denen du jetzt arbeiten solltest.

Das schlimmste Gefühl ist es Dinge zu bereuen, die man nie getan hat. Vor Allem wenn man weiß, dass man sie hätte tun können.

BRIDGE

Sehr nice! Du hast den ersten wichtigen Teil des Buches geschafft. Wir nennen den Teil auch gerne die “Gehirnwäsche” :D

Warum?

Weil wir dir in dem Teil dein Weltbild zurechtrücken wollten. Das hat nicht den Grund, dass wir dich von irgendetwas überzeugen wollen, weil es so IST, und es die einzige Wahrheit ist.

Vielmehr geht es uns darum, dir Mindsets zu vermitteln, die dich unterstützen.

Denn genau darum geht es:

Niemand weiß, was die “richtige” Einstellung ist. Das kann dir niemand erzählen.

Aber wir wissen, welche Einstellungen dich weiterbringen, und genau darum ging es.

Wir können dir nämlich zu 100% versichern, dass dich diese Einstellungen, diese “Paradigm Shifts” im Leben weiter bringen.

Natürlich wissen wir auch eins:

Du wirst nicht von heute auf morgen all diese Einstellungen übernehmen können :D Das ist einfach zu viel Information auf einmal.

Vielmehr ist es ein fließender Prozess. Und dieser Prozess besteht darin, dass du dir regelmäßig diese Paradigm Shifts durchliest und versuchst sie zu verinnerlichen.

Sieh das letzte Kapitel also als eine Art Lexikon für dein Mindset. Ein Lexikon, dass du so sehr verinnerlichen musst, dass du das Mindset selbst spürst und nicht mehr aktiv darüber nachdenken musst.

KAPITEL 3

ZIELE SETZEN

BESTANDSAUFNAHME

Wichtig: *Für dieses Kapitel musst du dir unbedingt ein Blatt Papier und einen Stift bereit legen. Wir haben für dich extra eine kostenlose Vorlage zum Mitarbeiten erstellt. Gehe einfach jetzt auf www.keinlimit.coach/zielerreichen und lade dir die Vorlage herunter. Dann kann es direkt losgehen! :-)*

Bevor du dir Ziele setzt, musst du dir erstmal bewusst machen, wo du dich JETZT befindest.

Was ist deine aktuelle Situation? Wer bist du gerade?

Warum ist das wichtig?

Dir ein Ziel zu setzen ist eine Sache. Damit ein funktionierendes Gesamtbild entsteht, musst du aber auch wissen, von wo aus du dieses Ziel erreichen willst.

Das Ziel auf der Dartscheibe kennt jeder. Das ganze Spiel macht aber keinen Sinn, wenn du nicht weißt von wo aus du werfen sollst und welchen Pfeil du in der Hand hältst.

Aber wie geht man das am besten an?

Das Ziel ist es, im ersten Schritt eine Art Steckbrief von dir zu machen. Am Ende siehst du auf einer DIN A4 Seite perfekt zusammengefasst dein aktuelles Ich.

Such dir jetzt einen Ort, an dem du dich komplett auf dich konzentrieren kannst. Die nächsten 30 Minuten darf dich wirklich niemand ablenken.

Setz dich in Ruhe hin, lege ein weißes Blatt Papier vor dich und nimm einen Stift in die Hand.

Es ist wirklich wichtig, dass du das JETZT wirklich machst. Die Dinge in dem Buch einfach nur zu lesen bringt dich nicht weiter. Du wirst dein Leben erst dadurch verändern, indem du die Dinge tatsächlich machst. Und der beste Zeitpunkt ist JETZT, wo du das Buch sowieso liest.

Bereit? Ok.

Du machst jetzt folgendes:

Schreibe ganz oben als Überschrift "Bestandsaufnahme".

Wir wollen zunächst zusammen herausfinden, was deine Fähigkeiten sind.

Die erste Frage, die du dir jetzt stellst lautet also "**Was kann ich gut?**".

Schreibe die Frage auf das Blatt und überlege 5 Minuten konzentriert ohne Pause, welche Fähigkeiten du hast und schreib sie auf.

Schreibe hier einfach alles auf was dir einfällt.

5 Minuten ab JETZT.

Fertig? Ok.

Die nächste Frage lautet "**Was kann ich nicht so gut?**"

Diese Frage schreibst du auch auf das Papier und überlegst wieder 5 Minuten konzentriert.

Schreibe wieder alles auf, was dir einfällt.

5 Minuten ab JETZT.

Nice!

Du hast den ersten wichtigen Schritt gemacht, den viele Leute niemals machen werden.

Wenn du dir jetzt die Antworten auf beide Fragen anschaust, dann siehst du wo du noch Potential nach oben hast. An allen Dingen, die du noch nicht gut kannst, kannst du gezielt arbeiten, um dich noch weiter zu verbessern.

Wir zeigen dir im nächsten Kapitel, wie du das konkret umsetzen kannst.

Oft hat man bei der Übung die Schwierigkeit, dass man ein etwas verzerrtes Bild von sich hat. Wenn dir das genauso geht, keine Sorge. Das ist ganz normal.

Frage einfach deinen besten Freund oder deine Familie, ob sie dir sagen können, was du ihrer Meinung nach gut kannst und was du eher nicht gut kannst.

Wichtig ist hier, dass du dir jemanden aussuchst, der keine Angst davor hat, dir die Meinung ins Gesicht zu sagen.

Du willst hier ein realistisches Bild von dir festhalten und nicht ein geschöntes Bild hören, nur weil dir jemand Honig ums Maul schmiert.

WELCHE RESSOURCEN HABE ICH?

Ok, die nächste Frage, die du dir stellen solltest lautet "**Welche Ressourcen habe ich?**".

Damit meinen wir z.B. Freunde, Kontakte, finanzielle Mittel (Taschengeld, Job, whatever).

Schreibe die Frage wieder auf das Papier. 3 Minuten lang schreibst du jetzt wieder alles auf was dir einfällt. Konzentriere dich hier, vielleicht fallen dir nämlich Dinge ein, die dir vorher gar nicht bewusst waren.

Ressourcen die die meisten haben, aber als komplett selbstverständlich sehen sind:

Internet (Zugang zu Wissen zu jeder Zeit), günstiges und gesundes Essen, Großstadt in der Nähe, Social Media.

Werde kreativ und denke an alle Dinge, die dir in Zukunft irgendwie nützlich sein könnten.

3 Minuten ab JETZT.

WORAUF BIN ICH STOLZ?

Jetzt kommt eine verdammt wichtige Frage, die auch dein eigenes Selbstbewusstsein stärkt: **“Worauf bist du stolz?”**

Schreibe die Frage wieder auf das Papier.

Was hast du bisher erreicht, was dich stolz macht. Erinnere dich an diese Momente zurück, versetze dich nochmal in diese Momente rein und überlege auch WARUM sie dich stolz gemacht haben.

Hier ist es erstmal egal, ob der Erfolg verhältnismäßig groß war oder es ein kleiner Erfolg war. Die Hauptsache ist, dass DU darauf stolz warst und auch weißt warum.

Schreibe hier wieder alles auf, was dir einfällt. Nimm dir wieder 5 Minuten konzentriert Zeit und halte alles auf Papier fest, was dir einfällt.

Und los geht’s!

WAS STÖRT MICH AN MIR UND MEINER SITUATION?

Genauso wichtig ist die nächste Frage: **“Was stört mich an mir und meiner Situation?”.**

Hier geht es darum herauszufinden, was dich unglücklich macht. Manchmal fühlt man sich in der eigenen Situation unwohl und weiß garnicht genau warum.

In solchen Momenten nimmt man unterbewusst etwas wahr, was einem nicht gefällt.

Umgekehrt gibt es natürlich auch offensichtliche Dinge, an die man vielleicht auch viel zu oft denkt.

Jetzt hast du endlich die Möglichkeit alles rauszulassen, was dich stört. Nimm dir wieder 5 Minuten Zeit und schreibe wirklich ALLES auf, was dir einfällt. Egal wie lächerlich es wirkt oder wie peinlich es wäre, wenn andere das lesen würden.

Schreib es auf und bringe es aus deinem Kopf raus. Du wirst merken, dass du dich danach irgendwie ein bisschen freier fühlst.

Also gib Gas und hau alles raus, ab JETZT.

Sehr gut. Du hast allein jetzt schon einen riesigen Schritt gemacht. In ein paar Jahren wirst du daran zurückdenken und verstehen, warum das so unglaublich wichtig ist.

Self-Awareness ist der erste wichtige Schritt ein Leben zu führen, das man sich immer gewünscht hat. Deswegen ist es so wichtig, dass du ALLE

Schritte, die wir hier mit dir machen wirklich selbst machst, während du sie liest.

Überspringe nicht diese Kapitel und sage dir, dass du das später mal machen wirst.

Später kommt nie.

Es geht darum, es JETZT zu machen, ansonsten ist die komplette Arbeit umsonst.

Unsere Arbeit das Buch zu schreiben und deine Arbeit das Buch zu lesen.

Wenn du also bis jetzt noch nichts auf dein Blatt geschrieben hast, gehe nochmal zurück zum Anfang des Kapitels und mache die Schritte!

Was sind meine Werte & Prioritäten?

Als nächstes wollen herausfinden, was dir im Leben wichtig ist.

Jeder Mensch hat verschiedene Dinge, die ihm im Leben wichtig sind. Für den einen ist es Familie, für den anderen Karriere. Ganz egal was es ist, du musst dir darüber klar werden und kristallklar wissen, was DEINE Prioritäten sind.

Schreibe also als nächstes auf dein Blatt die Frage **"Was sind meine Werte & Prioritäten?"**.

Die Übung ist nicht so kompliziert wie du jetzt wahrscheinlich denkst. Du kannst nämlich einen Trick verwenden.

Stelle dir vor, du gehst auf eine Beerdigung. Du setzt dich in eine der hinteren Sitzreihen.

Vorne liegt ein Sarg, daneben befindet sich ein Rednerpult.

Jetzt kommt der Switch: In dem Sarg liegt nicht irgendjemand. In dem Sarg liegst du selber.

Du bist also gerade auf deiner eigenen Beerdigung und schaust den Leuten zu, die nacheinander ans Rednerpult gehen und etwas über dich sagen.

Zuerst deine Frau oder dein Mann, dann deine Kinder aber auch deine Eltern, dann deine Freunde.

Was sollen sie über dich erzählen?

Wie willst du in Erinnerung bleiben?

Wenn du so dasitzt und deiner eigenen Beerdigung zusiehst, welche Worte wünschst du dir von den anderen zu hören?

Was ist das, was du nach deinem Leben auf dieser Welt hinterlassen willst? #Legacy

Jetzt bist du in dem richtigen Mindset.

Schreibe in den nächsten 5 Minuten alles auf, was dir einfällt.

Los geht's.

Was sind meine Rollen?

Fertig?

Sehr gut. Sei ehrlich, das ist eine krasse Erfahrung oder? :D

Vielleicht hattest du währenddessen auch Angst. Das ist aber ganz normal.

Wichtig ist, DASS du es gemacht hast und alles auf dem Papier vor dir stehen hast.

Das kann dir keiner mehr nehmen.

Aber du bist noch nicht ganz fertig.

Wenn du dein Leben anschaust, dann fällt dir vielleicht auf, dass du im Moment verschiedene Rollen hast:

In der Schule bist du Schüler, in deiner Freizeit bist du ein Freund, zuhause bist du ein Sohn oder eine Tochter.

Schreibe jetzt auf dein Blatt die Frage: **"Was sind im Moment meine Rollen?"**

Überlege dir jetzt 3 Minuten lang konzentriert, welche Rollen du aktuell erfüllst.

Gehe am besten deinen ganzen Tag durch. Welche Rollen hast du von dem Moment, an dem du aus dem Bett aufstehst bis zu dem Moment, an dem du schlafen gehst?

3 Minuten ab JETZT.

Ok, das war einfach. Jetzt kommt der etwas größere Schritt:

Schau dir nochmal alles an, was du bei der letzten Frage aufgeschrieben hast, als du dir deine eigene Beerdigung vorgestellt hast.

Welche Rollen ergeben sich hieraus? Welche Rollen musst du erfüllen, damit am Ende deine Familie und Freunde das von dir erzählen was du dir wünschst?

Und hier wichtig: Schreibe auch in einem Satz die Funktion auf, die diese Rolle zu erfüllen hat.

Zum Beispiel:

Rolle: "Sohn"

Funktion: "Meine Eltern stolz machen, indem ich meine Ziele erreiche und zurückgebe, was ich in meiner Kindheit bekommen habe."

oder anderes Beispiel:

Rolle: "Freundin"

Funktion: "Immer für meine Freunde da sein, wenn sie mich brauchen, ganz egal wie viel Arbeit gerade ansteht, denn Freundschaft ist wichtiger als alles andere."

Weil dieser Schritt wirklich verdammt wichtig ist, hast du dafür 10 Minuten Zeit.

Schreibe immer die jeweilige Rolle auf und darunter in einem Satz die Funktion dieser Rolle. So ist dir später sofort klar, was diese Rolle zu erfüllen hat.

Bereit? Ok, los geht's! 10 Minuten ab jetzt.

Ziele setzen

Sehr geil!

Du hast den ersten Schritt fertig. Wie gesagt: Das ist etwas, was die wenigsten machen. Die meisten haben eine grobe Vorstellung davon wohin sie mal wollen, aber wissen noch nicht einmal wo sie JETZT sind.

Bevor du auf die Reise gehen kannst, musst du wissen wo die Reise anfängt. Und genau das steht jetzt auf deinem Blatt Papier.

Hammer!

Der nächste große Schritt ist die eigentliche Zielsetzung. Hier geht es darum herauszufinden, wohin du konkret willst. Erst wenn du dir das wirklich vorstellst und auch wirklich aufschreibst, hast du überhaupt die Chance deine Ziele zu erreichen.

Wenn du noch nicht mal 30 Minuten Zeit hast deine Ziele aufzuschreiben, warum hast du dann dieses Buch gekauft?

Also, los geht's!

Nimm ein neues Blatt Papier und schreibe als Überschrift darüber “Ziele setzen”.

Die erste Frage, die du dir stellst lautet **“Was will ich erreichen?”**.

Und jetzt versetze dich in folgendes Mindset:

Stell dir vor, es gäbe keine Probleme. Stell dir vor, dass einfach alles gut läuft und dir alle Türen offenstehen.

Mit dieser Einstellung im Kopf stellst du dir jetzt die Frage:

„Wie sieht dein perfektes Leben aus?“

Und hier wieder:

Denke nicht daran, was alles schiefgehen kann. Dazu hast du später noch Zeit, wenn es darum geht den konkreten Plan zu machen.

Befreie dich von allen Ängsten, mache deinen Kopf frei und schreibe einfach ALLES auf, was du im Leben mal gemacht haben willst, wie du leben willst, mit wem du dein Leben verbringen willst. Einfach ALLES, worauf du später mal mit 80 Jahren zurückblicken willst und sagen kannst: "Jawoll, das Leben war es Wert."

Weil das der krasseste Schritt von allen ist hast du dafür 30 Minuten Zeit.

Stoppe am besten die Zeit und schreibe ALLES auf was dir einfällt.

Dabei spielt es erstmal keine Rolle, ob das Dinge sind, die du in den nächsten 2 Monaten, 2 Jahren oder 20 Jahren machen willst.

Es geht einfach nur darum, dass du dir klar machst, was du von deinem Leben haben willst.

Also 30 Minuten ab JETZT!

PRIORISIEREN

Wow, das war ziemlich geil oder? :D

Mal so richtig drauf scheißen, dass es Probleme gibt und der Kreativität freien Lauf lassen.

Wir können dir schon mal sagen: Alles was du jetzt aufgeschrieben hast, kannst du wirklich erreichen.

Und mit alles meinen wir ALLES!

Wir haben zu viel krasse Leute kennengelernt, um zu denken, dass es ein Limit gibt. Es gibt keine Limits, außer die, die du dir selbst setzt.

Aber wir sind noch nicht fertig.

Bis jetzt hast du nur deine Träume aufgeschrieben, aber weißt nicht wann und wie du diese Träume in die Realität bringen kannst.

Das machen wir Stück für Stück in den nächsten Schritten.

Also weiter geht's!

Als nächstes schaust du dir alles an, was du geschrieben hast. Wenn du dich jetzt fragst, wie du ALLES erreichen kannst ist das extrem überwältigend.

Deswegen müssen wir im nächsten Schritt alle diese Träume priorisieren. Das bedeutet, du sagst einfach bei jedem Traum, wie wichtig er für dich ist.

Ganz easy mit 1, 2 oder 3. 1 steht für eher unwichtig, 3 steht für absolut unverzichtbar.

Gehe also in den nächsten 5 Minuten von oben nach unten alle Träume durch, die du in der letzten Übung aufgeschrieben hast und schreibe daneben die Priorität. Am Ende sollte neben jedem Traum eine Ziffer stehen, eben 1, 2 oder 3.

5 Minuten, aaaaand GO!

TIMELINE ZUWEISEN

Perfekt! Als nächstes musst du dir darüber bewusst werden, WANN du deine Träume erreichen willst. Denn erst durch den konkreten Zeitpunkt der Erfüllung wird ein Traum zu einem konkreten Ziel.

Nimm jetzt also alle Träume aus deiner Liste, die die Priorität 3 (also hoch) haben und schreibe sie auf ein neues Blatt Papier.

Jetzt überlegst du dir, WANN du jeden einzelnen Traum von dir erreichen möchtest.

Ist es etwas, was du im nächsten Monat erreichen willst?

Vielleicht willst du es auch erst in 2 Jahren erreichen.

Schreibe neben jeden Traum diesen Zeitraum.

Und hier wichtig:

Hier darfst du immer noch keine Angst haben. Denke nicht darüber nach, OB du es in dem Zeitraum schaffst, sondern überlege dir, wann du den Traum erreichen WILLST.

Konzentriere dich hierbei komplett auf dein Gefühl. Es gibt kein richtig und falsch. Das ist dein Leben und hier kann dir niemand sagen, was du wann zu tun hast.

Also 5 Minuten ab jetzt!

Warum willst du die Ziele erreichen?

Sehr sehr geil. Du hast gerade aus deinen Träumen konkrete Ziele gemacht.

(Die meisten Leute wissen noch nicht mal den Unterschied zwischen einem Traum und einem Ziel :D)

Wir haben aber noch gar nicht darüber gesprochen, WARUM du dir diese Ziele gesetzt hast.

Warum willst du sie erreichen? Warum hast du sie mit 3 bewertet? Warum willst du sie z.B. in 2 Jahren erreichen?

Es ist extrem wichtig zu wissen, WARUM man etwas macht, bevor man es macht.

Sonst hat man nämlich irgendwann das Gefühl, dass man ins Leere arbeitet.

Schreibe also in den nächsten 15 Minuten zu jedem deiner Ziele, die du mit 3 bewertet hast den genauen Grund, WARUM du das Ziel zu der jeweiligen Frist erreichen willst.

Wenn du damit fertig bist, muss in jeder Begründung glasklar der eigentliche Grund stehen.

15 Minuten und los geht's!

DIE PERFEKTE WOCHE / DER PERFEKTE TAG

Ok sehr gut. Du hast deine Zielsetzung fast abgeschlossen. Es fehlen nur noch ein paar kleine Schritte, dann bist du damit durch und hast den genauen Durchblick, WO du mal hinwillst und WARUM. Das WIE erklären wir dir danach.

Bisher hast du dir zwar klare Ziele gesetzt mit einer klaren Frist und einer klaren Begründung.

Aber irgendwie hast du noch nicht so den 100%igen Durchblick, wie dein Leben im Idealfall aussieht.

Was passiert von morgens bis abends? Wo lebst du? Wen kennst du? Mit wem oder was verbringst du deine Zeit?

Dazu gibt es eine sehr geile Übung, die mega Bock macht: Dein perfekter Tagesablauf.

Stell dir vor, du bist schon dort wo du mal hinwillst. Stell dir vor, du hast genau das Leben das du dir immer gewünscht hast.

Wie sieht dein Tagesablauf aus?

Definiere in den nächsten 15 Minuten ganz klar, wie dein perfekter Tag mal aussehen soll:

Wann stehst du auf? Wann gehst du schlafen? Wann arbeitest du? Wann siehst du deine Familie?

Wichtig: Vergiss hier wieder alle Verpflichtungen, die dir währenddessen einfallen. Vergiss was andere von dir verlangen. Konzentriere dich in diesem Schritt komplett darauf, wie DEIN perfekter Tag aussieht.

Wie?

Ganz einfach. Nimm ein neues Blatt Papier und schreibe an den rechten Rand die Uhrzeiten des Tages von oben nach unten. Also ganz oben auf der Seite 0 Uhr und ganz unten auf der Seite 24 Uhr.

Dieses Blatt Papier ist also wie dein Kalender für deinen perfekten Tag.

Jetzt schreibe die "Termine" rein, die du an deinem perfekten Tag gerne hättest. Markiere auch die Zeit in der du schläfst und isst.

Lass deiner Kreativität freien Lauf und frage dich, wie DEIN optimaler Tag aussehen soll.

Wenn du denkst, dass es Unterschiede zwischen mehreren Tagen während der Woche geben soll, dann mache das für mehrere Tage. Z.B. "Mein Plan für den perfekten Montag" und "Mein Plan für den perfekten Samstag."

Wie gesagt, du kannst hier alles reinschreiben was du willst. Die Hauptsache ist, dass die Tage so aussehen, wie DU sie willst.

Also, 15 Minuten und los geht's!

Zusammenfassung: One-Pager

Wow, du hast jetzt einen riesigen Schritt gemacht. Du hast dir klar gemacht wer du bist, was du kannst und was nicht.

Du hast dir klar gemacht, was deine Träume sind und dafür gesorgt, dass sie zu konkreten Zielen werden. Außerdem weißt du, warum du diese Ziele erreichen willst.

Und jetzt weißt du auch, wie dein perfekter Tag mal aussehen soll. Du kannst auf jeden Fall stolz auf dich sein. So weit kommen die wenigsten.

Vielleicht kennst du das: Wenn man motiviert ist, dann läuft alles wie geschmiert und man hat das Gefühl, dass einen niemand aufhalten kann.

Wenn die Motivation dann weg ist, fühlt sich das an, als wäre man gelähmt und das Gehirn eingeschlafen.

Das ist ganz normal und hat was mit den Prozessen in deinem Gehirn zu tun. Das Gehirn kann nämlich unmöglich nonstop auf Vollgas arbeiten. Irgendwann braucht es eine Pause.

Andererseits kann es aber auch sein, dass das Gehirn im "Pausenmodus" ist, obwohl es offensichtlich keine Pause braucht. In solchen Momenten brauchst du einen Trigger, also einen Auslöser, der deinem Gehirn sagt: "Yo Digga, jetzt ist Action-Time!"

Solche Trigger kannst du dir selbst bauen und dich so in Sekundenschnelle in einen geistigen Zustand bringen, der dich auf Vollpower bringt.

Wie?

Du hast ja jetzt einige Seiten geschrieben. Auf denen steht im Prinzip der Grund, warum du auf dieser Welt bist. Wie geil wäre es, wenn du diese ganzen Gründe jeden Tag vor Augen hast, sodass sie ein fester Bestandteil deines Lebens werden?

Das kannst du erreichen, indem du einen One-Pager erstellst, also eine DIN-A4 Seite, auf der alles was du jetzt geschrieben hast perfekt zusammengefasst und komprimiert steht.

Diese Seite kannst Du dir dann zum Beispiel ausdrucken und an die Wand hängen. Egal was du mit der Seite machst, das Ziel ist es, dass du sie ständig vor Augen hast und nicht morgen wieder alles vergisst, was wir gerade gemacht haben.

Nimm dir also jetzt ein neues Blatt Papier oder mache eine leere Textseite am PC auf.

Auf die Seite schreibst du ganz oben den Titel "[DEIN NAME] in 6 Monaten".

Der One-Pager hat die folgenden Überschriften:

- Ideales Leben in 6 Monaten
- Meine Rollen
- Top 5 Dinge, die ich in 6 Monaten erreichen will
- Top 5 Gründe, warum ich diese Dinge erreichen will
- Welche Fähigkeiten brauche ich, um diese Dinge erreichen zu können?

Ganz unten schreibst du das heutige Datum hin und deinen Namen. Und dann unterschreibst du das Dokument per Hand.

Nimm dir hierfür noch ein letztes Mal 30 Minuten Zeit und fülle den One-Pager.

Bringe es perfekt auf den Punkt, baue keine komplizierten Sätze, sondern klare Punkte, die du mit einem Blick sofort verstehst. Wenn du damit fertig bist, dann sichere den One-Pager, z.B. indem du ihn fotografierst.

Jetzt ist es wichtig, dass du den One-Pager an einen Ort legst, an dem du ihn wieder findest. Am besten ist es, wenn du ihn ständig siehst, z.B. indem du ihn an deine Wand hängst.

Also Endspurt! Die letzten 30 Minuten, ab jetzt!

Das ganze könnte dann am Ende grob so aussehen:

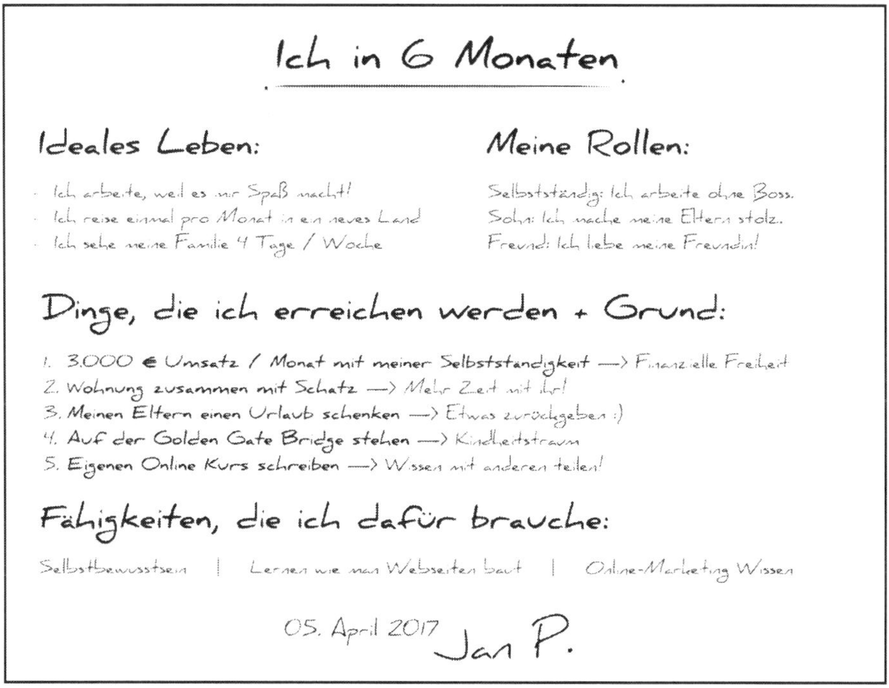
Ich in 6 Monaten

Idealies Leben:

- Ich arbeite, weil es mir Spaß macht!
- Ich reise einmal pro Monat in ein neues Land
- Ich sehe meine Familie 4 Tage / Woche

Meine Rollen:

Selbstständig: Ich arbeite ohne Boss.
Sohn: Ich mache meine Eltern stolz.
Freund: Ich liebe meine Freundin!

Dinge, die ich erreichen werden + Grund:

1. 3.000 € Umsatz / Monat mit meiner Selbstständigkeit —> Finanzielle Freiheit
2. Wohnung zusammen mit Schatz —> Mehr Zeit mit ihr!
3. Meinen Eltern einen Urlaub schenken —> Etwas zurückgeben :)
4. Auf der Golden Gate Bridge stehen —> Kindheitstraum
5. Eigenen Online Kurs schreiben —> Wissen mit anderen teilen!

Fähigkeiten, die ich dafür brauche:

Selbstbewusstsein | Lernen wie man Webseiten baut | Online-Marketing Wissen

05. April 2017 Jan P.

Nochmal hier der Hinweis: *Auf* *www.keinlimit.coach/zielerreichen* *findest du kostenlos die perfekte Vorlage für deinen persönlichen One-Pager! :-)*

BRIDGE

Sehr geil! Du hast das Kapitel fertig! Wir können dir jetzt verraten, dass das Kapitel von allen das anstrengendste ist, weil man sich wirklich extrem auf sich selbst konzentrieren und die Zeit investieren muss.

Also Glückwunsch, du hast es hinter dir! :D

Bevor wir in die konkrete Umsetzung gehen, möchten wir dir noch eine Sache verraten:

Alles was du aufgeschrieben hast, alles was du bis jetzt auf deinen Blättern und dem One-Pager stehen hast, wird sich verändern.

Jap, richtig gehört. Es kann sein, dass du in ein paar Jahren nochmal auf deine ursprünglichen Notizen schaust und dir denkst: “Krass, war ich damals drauf!” :D

Vor allem, wenn du echt drauf warst #SexDrugsnRocknRoll

Mal ohne Witz:

Du wirst über die Jahre noch sehr viele Erfahrungen machen, noch sehr viele Menschen kennenlernen und dein jetziges Weltbild wird sich krass erweitern.

Das wird auf jeden Fall passieren, da kommst du nicht drum herum. Und das ist auch verdammt gut so!

Aber genau deswegen ist es wichtig, sich das jetzt schon klarzumachen. Deine Prioritäten, deine Rollen, sogar deine Ziele werden sich ändern, vielleicht auch deutlich.

Das ist aber kein Grund jetzt einfach zu chillen und nicht seinen jetzigen Zielen nachzugehen.

Das Wichtige ist einfach, dass du deine Notizen regelmäßig updatest. Schau sie dir am besten einmal im Monat an und passe sie gegebenenfalls an.

Nicht falsch verstehen:

Du solltest deine Ziele NIEMALS anpassen, wenn es mal nicht so läuft, wie du dir das vorgestellt hast. Es wird immer was geben, was dir einen Stock zwischen die Füße schmeißen will. Dann haut es dich halt mal auf die Schnauze, aber dann stehst du gefälligst auf, schaust dem Stock ins Gesicht und lachst ihn aus :D

Keiner hat das Recht dazu dir deine Ziele wegzunehmen. Genauso wenig hast du das Recht dazu, dich von deinen Zielen zu verabschieden wenn es mal schlecht läuft.

Zieh dein Ding durch!

Was wir mit "anpassen" meinen ist etwas anderes:

Du und wir, wir beide sind noch sehr jung. Wir werden noch so viel von der Welt sehen. Wie dumm wäre es jetzt also unser jetziges Weltbild in Stein zu meißeln und sich nicht weiterzuentwickeln?

Wenn du regelmäßig auf die Aufschriebe schaust, die du bis jetzt gemacht hast, wirst du merken, dass sich deine Ziele erweitern oder in gewisser Weise ändern. Und davor solltest du keine Angst haben.

Der Kern ist, dass du mit deinen Zielen zufrieden bist und sie genau das sind was du von deinem Leben willst.

Wenn du also merkst, dass deine Ziele von vor 3 Jahren inzwischen nicht mehr das sind was du willst, dann passe sie wieder so an, dass sie wieder zu etwas werden, was du willst.

Du hast es in der Hand zu wissen wer du bist und wo du hinwillst.

Genau das haben wir jetzt zusammen gemacht.

Weiter geht's mit der Frage:

"Aber WIE erreiche ich meine Ziele?"

KAPITEL 4

ZIELE ERREICHEN

Ok. Du hast jetzt schwarz auf weiß deine Ziele aufgeschrieben und bist bereit dazu, deine Ziele endlich in die Tat umzusetzen.

In diesem letzten großen Abschnitt zeigen wir dir unsere Taktiken & Routinen, die wir jeden Tag anwenden, um an unseren eigenen Zielen zu arbeiten.

Die folgenden Taktiken und Mindsets sind eine strukturierte Mischung aus unserer eigenen Erfahrung über die Jahre als Geschäftsführer eines erfolgreichen Startups, aus sehr vielen Büchern, die wir dazu gelesen haben und aus Erfahrungen anderer erfolgreicher Menschen, die wir über die Zeit kennenlernen durften.

Es sind also keine Konzepte, die wir alle selbst entwickelt haben. Aber es sind Konzepte, die wir verinnerlicht haben, die wir ausprobiert haben und vor Allem Konzepte, die funktionieren.

Jetzt sind sie fester Bestandteil unseres Lebens und sind der Grund dafür, dass wir jetzt schon ein Leben führen, das wir uns immer vorgestellt haben. Und die Reise ist noch lange nicht zu Ende.

Wie im letzten Abschnitt ist es auch hier wieder extrem wichtig, dass du ALLES was wir schreiben direkt anwendest. Dinge nur zu lesen bringt das Wissen kurzfristig in den Kopf. Erst durch die Anwendung entfalten sie ihre eigentliche Wirkung und sind etwas Wert.

Deswegen probiere die nächsten 14 Tage konsequent die Prinzipien in jeder Situation des Tages aus. Schreib sie dir auf, häng sie von uns aus an die Wand und wende sie konsequent JEDEN TAG innerhalb der nächsten 2 Wochen an.

Du wirst merken, dass du über viele Dinge anders denkst, Probleme anders löst und vor allem deinen eigenen Zielen viel zielstrebiger hinterher gehst.

Dieses Buch ist komplette Zeit- und Geldverschwendung wenn du die Prinzipien nicht anwendest.

Wenn du sie aber anwendest, kann dieses Buch dein komplettes Leben verändern.

ENVIRONMENT

Bevor du jetzt direkt ins kalte Wasser springst und an deinen Zielen arbeitest, mach einmal kurz Pause und schau dich um.

Wo bist du? Wer ist um dich herum? Wie sieht der Ort aus, an dem du das Buch gerade liest?

Aber schau dich noch abstrakter um:

Wer sind deine Freunde? Wem folgst du auf Instagram / Snapchat / etc.? Liest du regelmäßig Nachrichten? Wenn ja: Welche genau?

Du hast bestimmt schon oft gehört, dass du dich durch die Umgebung nicht beeinflussen lassen sollst.

Das stimmt auch zu einem gewissen Maß, weil die Umgebung nie "Schuld" an etwas ist.

Problem an der Sache: Dein Unterbewusstsein weiß das nicht. :D

Unterbewusst wirst du IMMER dadurch beeinflusst in welcher Umgebung du dich befindest.

Vielleicht kennst du die Weisheit "Zeig mir deine Freunde und ich sage dir wer du bist."

Und es stimmt.

Egal, wie deine Umgebung aussieht, du wirst in gewisser Weise dadurch beeinflusst, ob du es willst oder nicht. Natürlich kannst du dagegen ankämpfen. Andererseits kannst du aber auch einfach die Umgebung ändern :D

Beispiel Wetter:

Natürlich kannst du durch deine innere Einstellung kontrollieren, dass du dich durch das Wetter nicht beeinflussen lässt.

Du kannst aber auch einfach in ein Land ziehen, in dem ständig die Sonne scheint und deine Willenskraft für wichtigere Dinge aufheben :D

Was wir damit meinen ist Folgendes:

Du kannst IMMER kontrollieren, in welcher Umgebung du dich befindest.

Beispiel Social Media:

Täglich verbringst du vermutlich sehr viel mit Social Media und schaust dir die Posts der Leute an, denen du folgst.

Es ist naheliegend, dass dich diese Posts beeinflussen, wenn man sich mal überlegt, wieviel Zeit man tagtäglich damit verbringt. Und zwar mehr als du jetzt vielleicht denkst.

Wenn du jemandem folgst, der jeden Tag aufs Neue deprimierte Sprüche postet, dann wirst du verdammt nochmal deprimiert :D

Wenn du allerdings jemandem folgst, der dich jeden Tag motiviert, dann beeinflusst das dein Mindset unterbewusst und du bist selbst motiviert.

Egal was die Leute posten, sobald du es regelmäßig siehst und konsumierst, wirst du dadurch beeinflusst.

Das Gute:

Du kannst selbst entscheiden, wem du folgst.

Wir folgen inzwischen nur noch Leuten, die wir als Vorbild sehen, und die uns pushen unsere Ziele zu erreichen.

Deswegen unser Tipp:

Folge Leuten, die dich motivieren, deine eigenen Ziele zu erreichen!

Du wirst auf jeden Fall beeinflusst, da kommst du nicht drum herum. Also nutze das zu deinem Vorteil und werde so beeinflusst, dass es dich unterstützt!

Was einen noch viel größeren Einfluss auf dich hat, sind deine engsten Freunde.

Wie sind sie drauf? Haben sie ähnliche Ziele wie du?

Angenommen sie nehmen den ganzen Tag Drogen, aber du hast das Ziel die weltweit größte Anti-Drogen-Organisation zu starten. Ist ein Extrembeispiel, aber du siehst, dass das nicht wirklich zusammen passt.

So hart es klingt:

Entscheide dich gut, wen du in deinen engen Freundeskreis nimmst. Wenn du von Leuten umgeben bist, die dich jeden Tag runterziehen, dann trenne dich von ihnen.

Ist im ersten Moment unangenehm, aber dein restliches Leben wird dadurch deutlich angenehmer.

Genauso gilt das umgekehrt:

Wenn du Freunde hast, mit denen du dich perfekt verstehst, sie ähnliche Ziele haben und ihr euch perfekt ergänzt, dann triff dich mit ihnen und überlege, wie ihr euch noch besser unterstützen könnt.

Wir beide kennen uns seit der 5. Klasse. Am Anfang hatten wir nicht sehr viel miteinander zu tun, aber irgendwann hat man gemerkt, dass der andere eigentlich so ähnlich drauf ist wie man selbst.

Irgendwann ist aus dieser Freundschaft TheSimpleClub entstanden und wir ergänzen uns bis heute perfekt.

Das bedeutet nicht, dass du jetzt mit dem nächstbesten Kumpel sofort ne Firma gründen musst. Es bedeutet, dass du zusammen mit Leuten, die so drauf sind wie du in eine Aufwärtsspirale kommst.

Nico kam irgendwann auf die Idee jeden Tag um 6 aufzustehen. Machen wir jetzt.

Alex kam irgendwann auf die Idee Bücher auf doppelter Geschwindigkeit über Audible zu hören. Machen wir jetzt.

Passend zum Thema Synergie: Die richtige Umgebung pusht dich enorm nach oben.

Und jetzt noch ein kurzes Wort zum Thema "Nachrichten":

Hör auf dir die scheiße anzuhören! Alles was in den Nachrichten kommt sind Dinge, die du nicht beeinflussen kannst und die dir einfach nur Gehirnschmalz rauben, weil du unterbewusst oder bewusst über sie nachdenkst.

Wenn du jetzt (ein letztes Mal!!! :D) in eine Zeitung schaust und dir die Titel ansiehst, was fällt dir auf? Richtig! Alles ist negativ! Warum? Weil sich negativ besser verkauft als positiv.

Wenn du regelmäßig negative Nachrichten liest, die du sowieso nicht beeinflussen kannst, müllst du deinen Kopf unnötig mit negativen Dingen zu, die wiederum dein inneres Mindset beeinflussen und dich bremsen.

Jetzt kommen natürlich die Kritiker und sagen "Ja aber das ist Allgemeinbildung. Man muss doch wissen, was in der Welt abgeht."

Wenn's wichtig ist, wirst du es schon erfahren. Und zwar durch die ganzen Leute, die dir das sowieso erzählen, ob du es weißt oder nicht. Und wenn es nicht wichtig ist, ist es doch besser, wenn du es gar nicht erst gelesen hast oder?

Also zusammengefasst:

Schaffe dir eine Umgebung, die dich unterstützt.

Dadurch hast du die richtigen Inputs für dein Gehirn, kommst in das richtige Mindset und dann kann dich nichts mehr aufhalten.

Modelling - Makro

Schau dir nochmal ganz genau deine Ziele an. Was hast du aufgeschrieben?

Sind diese Ziele so krass einzigartig, dass sie vor dir niemand gehabt hat?

Glauben wir nicht.

Wir glauben, dass die meisten deiner Ziele, auch wenn sie sehr individuell sein können, in der Geschichte der Menschheit schon mal im Notizblock eines anderen Menschen vorkamen und auch von anderen Menschen schon mal erreicht wurden.

Und das ist dein Vorteil.

Vielleicht ahnst du schon, was wir dir sagen wollen.

Stell dir vor du machst einen Pfannkuchen.

Wie gehst du das Ganze an? Du suchst dir wahrscheinlich online ein Rezept, schaust dir an, welches der Rezepte die beste Bewertung hat und machst dann Step-by-Step dieses Rezept.

Und wenn du es auf die Reihe bringst, jeden einzelnen Schritt genauso zu machen, wie er im Rezept steht, hast du am Ende einen Pfannkuchen. IMMER!

Wie lange hättest du wohl gebraucht, wenn du durch Ausprobieren auf dieses Rezept kommen wolltest?

Auf jeden Fall deutlich länger als mit Rezept. Und am Ende wäre dein Ergebnis vermutlich nicht ansatzweise so gut.

Andere Menschen, die deine Ziele schon vor dir erreicht haben, sind dein Rezept.

Sie sind dein Step-by-Step Guide, um dein eigenes Ziel zu erreichen. Warum? Weil sie es vor dir schon mal erfolgreich gemacht haben und die Schritte zum Ziel kennen!

Du musst also einfach nur von ihnen die Schritte erfahren, sie genauso machen und am Ende kommt dein “Pfannkuchen” raus!

Das Geile an der Sache ist: Die meisten erfolgreichen Leute haben irgendetwas hinterlassen. Sei es ein Buch, einen Blog, einen YouTube Channel oder was auch immer.

Suche genau diese Sachen, finde heraus wie sie es gemacht haben, lerne ihren Weg und dann: Mach es genauso.

Wenn du einen Apfel und noch einen Apfel in einen Korb legst, hast du am Ende immer zwei Äpfel in dem scheiß Korb, egal ob der Korb pink, lila oder durchsichtig ist :D

Wenn du die gleichen Schritte machst, dann wirst du auch die gleichen Ergebnisse erzielen.

Das gilt genauso umgekehrt:

Wenn du die gleichen Dinge machst wie Leute, die nicht so sind wie du sein willst, wirst du genau das gleiche Ergebnis erzielen!

Wie Einstein einmal sagte - zumindest wird das immer so erzählt:

“Die Definition des Wahnsinns ist, immer dasselbe zu tun, und ein anderes Ergebnis zu erwarten.”

Deswegen ist es hier unglaublich wichtig, dass du dir NUR Personen aussuchst, die ihre Ziele auch schon erfolgreich erreicht haben.

Warum ist das so kritisch?

Es gibt ja bekanntlich tausend Wege zum Ziel. Genauso gibt es noch viel mehr Wege (vermutlich unendlich viele) die am Ziel vorbei führen.

Wenn du dich an einer Person orientierst, die ihr Ziel erfolgreich erreicht hat, hat diese Person einen von Tausend Wegen gefunden, wie man das Ziel erreicht.

Wenn du dich an einer Person orientierst, die ihr Ziel nicht erreicht hat und dir sagt was sie falsch gemacht hat, bringt dir das einen Scheiß, weil diese Person einfach nur einen von einer Million Wege gefunden hat, wie man das Ziel NICHT erreicht :D

Ein gutes Beispiel ist der Sport:

Wenn du zu den besten Fußballern der Welt gehören willst, dann lernst du am besten auch von den besten Fußballern der Welt. Und nicht von den Hänseln, die auf der Couch sitzen und mit ner Chipstüte in der Hand das Spiel kommentieren, weil sie es besser können wollen als der Profi-Fußballer, der sein ganzes Leben lang trainiert hat :D

Suche dir also Personen, die dein Ziel schon mal erfolgreich erreicht haben und mach genau die gleichen Schritte.

Personen, die ihre Ziele nicht erreichen und dir Ratschläge geben, kannst du zwar aus Höflichkeit gerne zuhören, aber sei dir bewusst, dass es dir nicht wirklich helfen wird.

Schlimmstenfalls demotiviert dich sogar ihre Meinung, also meide solche Ratschläge lieber von Anfang an.

Wenn du richtig krasse Ergebnisse erzielen willst, dann nimm dir erfolgreiche Personen nicht nur als Vorbild, sondern kontaktiere sie und lass sie deine Mentoren werden.

Vielleicht hast du das Wort "Mentor" schon mal gehört.

Es bedeutet ganz einfach eine Person, die erfahrener ist als du und dich berät, falls du mal Hilfe brauchst.

Ein Mentor kann dir unheimlich viele Fehler ersparen und, im Falle einer Firmengründung, extrem viel Geld.

Konkret bei uns:

Wir selbst sind uns darüber bewusst, dass wir nicht alles können. Wir werden auch niemals alles können. Aber wir werden immer einen Weg finden uns Dinge von Leuten abzuschauen, die es können und die uns vielleicht sogar persönlich unterstützen.

Als wir unsere Firma aufgebaut haben, hatten wir absolut keine Ahnung von Firmenkultur, Management oder anderen Themen, die am Ende über den internen Erfolg oder Misserfolg eines Unternehmens entscheiden.

Deswegen haben wir angefangen zu recherchieren und sind auf einige Unternehmer gestoßen, die uns absolut inspiriert haben.

Einer davon ist Ryan Carson, der Geschäftsführer von Treehouse. Treehouse macht im Prinzip das wie TheSimpleClub, nur speziell für Programmierer. Sie ersetzen also das komplette Informatik-Studium und bereiten einen darauf vor, was man später im Job WIRKLICH machen muss.

Ryan hat eine Company Culture eingeführt, von der wir bis dahin noch nie gehört hatten:

Sein Team arbeitet nur 4 Tage die Woche. Und drei Tage sind Wochenende.

Gleichzeitig konnten sie ihre Produktivität steigern und werben inzwischen Mitarbeiter von Google ab, weil sie bessere Arbeitsbedingungen bieten können.

Andere Unternehmer bieten ihren Mitarbeitern an, ihren Urlaub zu bezahlen. Und die Familie darf gleich mit!

Andere haben Büros gebaut, die wie Spielplätze sind, mit riesigen Rutschen, Golfplatz und Park.

Als wir diese Dinge erfahren haben waren wir erstmal perplex.

Und im nächsten Moment unfassbar motiviert.

Uns wurde bewusst, dass alles was uns über Unternehmertum gesagt wurde falsch war.

Es gibt keine Grenzen. Man muss nicht hunderte von Mitarbeitern einstellen. Man muss seine Mitarbeiter nicht kontrollieren. Man muss keine festen Arbeitszeiten haben. Man muss noch nicht mal im Büro sein.

Kurz: Man kann machen, was man will! Es muss am Ende einfach nur funktionieren.

Und damit wir hier unsere eigene Firma nicht mit 300 km/h an die Wand gegenüber fahren, haben wir uns genau informiert, wie diese Unternehmer diese geilen Sachen in die Tat umgesetzt haben.

Inzwischen machen wir einige Sachen selbst:

Unsere Mitarbeiter haben keine festen Arbeitszeiten. Sie können kommen und gehen wann sie wollen. Wir haben keine Manager, sondern das Produktionsmanagement funktioniert automatisch. Jeder hat die komplette Verantwortung für seine Arbeit und niemand schaut ihm misstrauisch auf die Finger. Jeder kann Urlaub nehmen wann und so lange er will, er muss nur dafür sorgen, dass das Endergebnis der Arbeit nicht darunter leidet.

Außerdem kann jeder von überall aus arbeiten. Wenn jemand Bock hat 3 Jahre lang am Strand zu sitzen und von dort aus Videos zu schneiden, kann er das machen!

Ok, dann wollen wir halt auch mit, aber das steht kleingedruckt im Vertrag :P

Das ganze haben wir geschafft, indem wir die Schritte erfolgreicher Leute kopiert haben und dadurch die gleichen Ergebnisse erzielt haben.

Natürlich mussten wir hier selbst viel nachdenken und konnten die Konzepte nicht 1:1 übertragen. Im Kern geht es aber darum, das Rad nicht neu zu entwickeln, sondern es zu nehmen und da drauf die geilste Karre ever fahren zu lassen.

DAS RAD NICHT NEU ERFINDEN - MIKRO

"Das Rad nicht neu erfinden."

Alles auf dieser Welt wurde in irgendeiner Art schon mal gemacht. Du willst abnehmen? Haben 3 Mio. Menschen vor dir schon geschafft. Du willst Klavier lernen? Haben 2 Mio. Menschen vor dir schon geschafft.

Das Geile ist: Wir leben im Informationszeitalter. Die Menschen haben es nicht nur schon gemacht, sondern sie haben es auch dokumentiert.

Es gibt zu gefühlt jedem erdenklichen Thema schon irgendeinen Blogpost, irgendein kostenloses E-Book oder whatever, das ein System parat hat, das du einfach übernehmen kannst.

Gerade beim Beispiel Abnehmen und Fitness gibt es etliche Dinge die einfach nachweislich funktionieren. Strenge dich ein bisschen bei der Recherche an und schalte dein Hirn ein (heißt: Kaufe nicht die Pille, die dich 3kg pro Woche abnehmen lässt :D), dann wirst du fertige Konzepte finden, die du direkt übernehmen kannst.

Suche immer den einfachsten Weg.

Wie Einstein sagte:

"Die beste Maschine ist die einfachste, die funktioniert."

Mach es dir nicht komplizierter als es ist. Andere haben vor dir die Arbeit schon mal gemacht. Spar dir die Arbeit!

Wenn du dich ein bisschen mit Websites auskennst, kennst du bestimmt die ganzen Anbieter, mit denen du easy in 0 Komma nix eine funktionierende Website bauen kannst.

Der Quellcode ist nicht ganz sauber? WHO FUCKING CARES! :D Solange das Teil funktioniert und du keine App entwickeln willst, die auf dem Standard von WhatsApp performen soll, schaut sich keine Sau den scheiß Quellcode an :D

Überlege dir gut, was das Ziel ist. Und dann suche den EINFACHSTEN Weg, der FUNKTIONIERT.

Konkret bei uns:

Als wir uns dazu entschieden hatten eine eigene App zu launchen, standen wir vor dem großen Problem, wie wir das angehen.

Wir hatten über tausend Videos, die verwaltet werden mussten. Außerdem wollten wir dazu nicht YouTube nutzen, da wir sonst wieder knapp 50% aller Werbeeinnahmen abgeben müssten, was einfach kein tragbares Geschäftsmodell ist, wenn du Mitarbeiter hast, die von ihrem Gehalt ihre Familie ernähren müssen.

Deshalb haben wir nach Lösungen gesucht und kamen zum Glück mit einiger Unterstützung auf Nexx.tv.

Nexx.tv ist ein Anbieter, der ein komplett fertiges Content Management System anbietet. Das ist praktisch eine Plattform, auf der wir alle unsere Videos hochladen können, die komplett selbst verwalten können, Statistiken sehen usw. Echt krasses Teil.

Andere Unternehmen, die wir angeschaut haben, hätten das zwar auch bauen können, allerdings hätte uns das mindestens 200.000€ gekostet und wäre noch nicht mal ansatzweise so gut und benutzerfreundlich.

Absoluter No-Brainer, wir können keine 200.000€ zahlen :D

Also haben wir uns für Nexx.tv und ihre schon fertige Lösung entschieden und wissen jetzt, dass das eine verdammt gute Entscheidung war.

Am Ende ist es natürlich nicht zu 100% so gewesen wie wir uns das am Anfang vorgestellt hatten, aber so, dass es perfekt funktioniert hat.

Es war die einfachste Lösung, die funktioniert.

Habits aneignen

Vor kurzem haben wir das Buch "The Power of Habit" gelesen. Kurz gefasst geht es darum, welche Rolle Gewohnheiten in unserem Leben spielen und wie wir schlechte Gewohnheiten in gute verwandeln können.

Gewohnheiten sind bestimmte Routinen, die wir über häufige Wiederholung so verinnerlicht haben, dass sie automatisch ablaufen. Wir müssen also nicht mehr darüber nachdenken.

Nehmen wir das Beispiel Zähne putzen. Das ist mit Abstand die krasseste Gewohnheit die wir Menschen uns alle (hoffentlich) angewöhnt haben.

Jeden Morgen und Abend ist es für dich absolut selbstverständlich deine Zahnbürste zu holen, die Creme drauf zu klatschen und danach deine Zähne zu putzen.

Wenn du dich genauer dran erinnerst, dann fällt dir auf, dass sogar die Richtung, wie du die Creme auf die Zahnbürste aufträgst immer die gleiche ist.

Oder das "System" wie du deine Zähne putzt. Jeden Tag das Gleiche, sodass du nicht mehr drüber nachdenken musst.

Für solche Gewohnheiten lassen sich etliche Beispiele finden. Viele dieser Gewohnheiten sind uns dabei noch nicht einmal bewusst. Leider gibt es auch schlechte Gewohnheiten, wie z.B. Rauchen.

Das Gute ist: Auch wenn diese Gewohnheiten teilweise so tief in deinem Gehirn verankert sind, kannst du sie ändern. Du musst nur wissen, wie Gewohnheiten wirklich funktionieren. Und das erklären wir dir kurz:

Gewohnheiten bestehen immer aus drei Teilen:

Der erste Teil ist die "Cue". Das ist praktisch der Auslöser für die gesamte Gewohnheit. Beim Zähneputzen wäre das z.B. der Gedanke, dass du gleich

Schlafen gehst. Automatisch weißt du inzwischen, dass du noch deine Zähne putzen musst.

Der zweite Teil ist die eigentliche Routine, die immer gleich abläuft. In unserem Beispiel wäre das das Zähneputzen an sich.

Zum Schluss kommt dann die Belohnung. Beim Zähneputzen ist das der frische Geschmack nach dem Putzen, der dir das Gefühl gibt bereit für das Bett zu sein.

Diese drei Teile zusammen ergeben die sogenannte "Gewohnheitsschleife". Jede Gewohnheit durchläuft diese Schleife immer und immer wieder, sodass dein Gehirn das ganze inzwischen automatisch macht.

Was ist jetzt der Vorteil an Gewohnheiten?

Wenn du dir erfolgreiche Leute anschaust, die extrem diszipliniert wirken, dann fragst du dich bestimmt manchmal: "Wie kann man jeden Tag so diszipliniert sein?"

Die Antwort ist:

Wenn man wirklich jeden Tag aufs neue aktiv so diszipliniert sein müsste, dann würde das niemand schaffen.

Diese Personen haben aber ihre Disziplinen zur Gewohnheit gemacht, weshalb sie inzwischen automatisch ablaufen und weniger Energie benötigen. Sie müssen also gar nicht mehr drüber nachdenken diszipliniert zu sein, sondern sind es einfach.

Zu diesen Leuten zählt z.B unser guter Kumpel Joe Trenk. Mit 23 Jahren hat er bereits sein eigenes Unternehmen aufgebaut mit dem Ziel, Schülern in der Schule zu Bestnoten zu verhelfen. Dazu zählt ein unglaublich krasser Tagesablauf, der schon damit anfängt, dass er um 5 Uhr aufsteht.

Aber inzwischen ist das für ihn zur Gewohnheit geworden. Das bedeutet nicht, dass es mega einfach ist, aber es wird durch die Gewohnheit deutlich einfacher, als wenn er jeden morgen aufs Neue darüber nachdenken müsste, ob er jetzt wirklich um 5 aufstehen will.

Wie schafft man es, Dinge zur Gewohnheit zu machen?

Dahinter steckt eine ganze Wissenschaft, die wir aber gar nicht komplett verstehen müssen. Denn es gibt eine Faustregel: Wenn du etwas 21 Tage lang konsequent durchziehst, also jeden Tag aufs Neue die Tätigkeit machst, die du zur Gewohnheit machen willst, dann wird sie nach ca. 21 Tagen zur Gewohnheit.

Nochmal in anderen Worten:

Du überlegst dir genau, was du zur Gewohnheit machen willst. Zum Beispiel jeden Tag morgens nach dem Aufstehen Sport zu machen.

Dann machst du jeden Tag immer um die gleiche Uhrzeit Sport und zwar 21 Tage lang.

“Einfach” konsequent durchziehen. Und nach 21 Tagen wird das Ganze zur Gewohnheit und du benötigst deutlich weniger Überwindung.

Stelle dich jetzt schon mal darauf ein, dass die ersten 21 Tage nicht leicht werden. Gerade in der Mitte wirst du merken, dass die Motivation etwas nachlässt. Da musst du dich aber einfach durchkämpfen und dir ständig sagen, dass es irgendwann einfacher wird.

Und tatsächlich: Nach 21 Tagen wird es einfacher und du hast diese Tätigkeit zur Gewohnheit gemacht.

Erfolgreiche Leute, die ihre Ziele erreichen, entscheiden sich AKTIV, welche Gewohnheiten sie sich aneignen wollen und ziehen das dann 21 Tage lang durch.

Ein Tipp von uns:

Versuche nicht zu viel Dinge gleichzeitig zur Gewohnheit zu machen. Wenn du dir vornimmst ab jetzt jeden Tag zu trainieren, 4 Stunden zu lesen und 3 Stunden zu lernen wird das vermutlich nicht funktionieren, wenn du vorher keine der Dinge gemacht hast.

Arbeite dich also Stück für Stück vorwärts, immer eine Gewohnheit auf einmal.

Also jetzt konkret:

Schaue dir nochmal deine Ziele aus dem zweiten Abschnitt “Ziele setzen” an. Welche Gewohnheiten musst du dir aneignen, um diese Ziele zu erreichen?

Wenn du z.B. das Ziel hast in 6 Monaten einen Strandkörper zu haben, wäre der erste Schritt, dir tägliches Training anzugewöhnen.

Egal was es ist, denke an die 21-Tage-Regel und sei dir darüber bewusst, dass es nach 21 Tagen einfacher wird.

Und danach fängst du mit der nächsten Gewohnheit an.

Unser Gehirn ist dazu gemacht, sich Gewohnheiten anzueignen. Und der Punkt ist:

Egal, ob wir zufrieden oder unzufrieden mit unserem Leben sind, es liegt immer an den Gewohnheiten, die wir uns angeeignet haben.

Wenn wir also jeden Tag 3 Stunden Assi-TV auf RTL schauen, dann wird das zur Gewohnheit und nach ein paar Jahren wird man merken, dass man seine Zeit komplett verschwendet hat.

Nochmal in Zahlen: Angenommen du schaust drei Jahre lang konsequent jeden Tag 3 Stunden Assi-TV, hast du 3.285 Stunden deines Lebens komplett verschwendet.

Das sind umgerechnet ungefähr 137 Tage, also ungefähr 4 ½ Monate!!!!!

Und das 24 Stunden am Tag, 7 Tage die Woche. Komplett drauf geschissen :D

Was hättest du in der Zeit erreichen können, wenn du dich für die richtige Gewohnheit entschieden hättest?

Genau. Mehr. :D

Konkret bei uns:

Wir haben uns aktiv Gewohnheiten angeeignet, die uns darin unterstützen, unsere Ziele zu erreichen. Sie sind praktisch unsere Werkzeuge, die uns auf ein neues Level heben.

Das sind unsere Top-Gewohnheiten:

1. Zuerst das Ziel konkret definieren, bevor man etwas anfängt:

Wir arbeiten also nicht drauf los, sondern definieren zuerst das Ziel in einem Satz. Wenn wir das Ziel nicht konkret definieren können, überlegen wir so lange, bis wir es endlich in einem Satz haben. Davor fangen wir einfach nicht an! Und das bezieht sich auf alles. Egal ob wir große Projekte starten, die mehrere Monate dauern oder nur eine kurze Präsentation vorbereiten. Als aller erstes schreiben wir auf, was das Ziel der Sache ist.

2. Jeden Morgen um 5 Uhr aufstehen:

Die produktivste Zeit ist nicht morgens oder spät abends, weil es morgens oder spät abends ist, sondern weil in der Zeit keine andere Sau wach ist :D

Also stehen wir um 5 Uhr auf, sodass wir in den ersten Stunden des Tages unsere Ruhe haben und konzentriert arbeiten können, ohne von Mails oder Notifications gestört zu werden.

3. Jede Nacht 8 Stunden Schlaf:

Wir haben uns angewöhnt, den Tag so zu planen, dass wir am Ende 8 Stunden zum schlafen haben. Wenn wir um 5 Uhr aufstehen, sollten wir also um 21:00 einschlafen, sodass wir auf unsere 8 Stunden Schlaf kommen.

Wenn es an einem Tag mal später wird, z.B. weil wir uns mit Freunden treffen (auch verdammt wichtig!), dann stehen wir am nächsten Tag natürlich nicht um 5 auf, sondern so, dass wir immer noch 8 Stunden Schlaf bekommen.

Dazu aber mehr in einem späteren Abschnitt.

4. Jeden Morgen nach dem Aufstehen ins Fitness-Studio:

Unser Ziel ist es, nicht nur erfolgreich im Business zu sein, sondern dabei auch fit zu sein und gut auszusehen.

Gleichzeitig stärkt es die Gesundheit und man fühlt sich besser. Nach dem Training hat man mega die mentale Power und kann richtig loslegen.

5. Ziele auf Papier schreiben:

Jeden Morgen schreiben wir in unser Notizbuch die Top-Ziele die wir an dem Tag erreichen wollen. Wir stellen uns immer vor, worauf wir am Ende vom Tag stolz sein wollen. Und das setzen wir uns morgens als Ziel.

Während wir dieses Buch geschrieben haben, haben wir uns z.B. jeden Morgen das Ziel gesetzt, eine bestimmte Anzahl an Kapiteln zu schreiben. Wir waren so extrem produktiv.

80:20

Das 80:20 Prinzip, auch Pareto Prinzip genannt, ist inzwischen fester Bestandteil unseres Lebens.

Stelle dir vor, du schmeißt eine fette Hausparty. Die Leute gehen mega ab, es ist eine richtig geile Party. Außerdem kommt irgendein Vollspaten auf die Idee, ne Konfetti-Kanone in dein Haus zu schleppen :D

Am nächsten Morgen wachst du auf, schaust dich um und denkst: "Fuck, wie soll ich das jemals alles aufräumen!"

Du fängst mit dem Gröbsten an und räumst erstmal die auffälligsten Dinge auf. Nach einer Stunde hast du 80% vom gesamten Chaos aufgeräumt.

Jetzt kommt aber das scheiß Konfetti :D

Denk mal an all die Konfetti-Schnippsel, die du auch aus den Ritzen pulen musst. Das dauert dann 4 Stunden bis alles perfekt sauber ist. Das heißt die übrigen 20% der Arbeit, dauern viel länger als die ersten 80%.

Nochmal zusammengefasst: Du hast also für 80% des Gesamtergebnisses 20% (1 Stunde) der gesamten Zeit gebraucht.

Und für die restlichen 20% des Ergebnisses, hast du 80% (4 Stunden) der gesamten Zeit gebraucht.

Klingt erstmal deprimierend und du fragst dich bestimmt: "Klasse, was bringt mir das jetzt?"

Pass auf:

Das Geile ist, dass du in den seltensten Fällen wirklich 100% des Ergebnisses erfüllen musst.

80% reichen in den meisten Fällen vollkommen aus. Und wie wir gerade gesagt haben, brauchst du für 80% nur 20% des Aufwands.

Guter Deal? Verdammt guter Deal!

Das lässt sich nämlich auf alle möglichen Lebensbereiche übertragen:

- 80% der Arbeit wird von 20% der Mitarbeiter gemacht.
- 80% der Einnahmen werden durch 20% der Kunden erzielt.

Aber genauso auch andersrum:

- 20% der Kunden sind für 80% des Stresslevels verantwortlich.
- 20% der Arbeit erzielen 80% des Ergebnisses.

Wie kannst du das für dich anwenden?

Wenn du ein Ziel hast, dann überlege dir gut: Was sind die 20% an Aufwand, den ich reinstecken muss, um 80% des Ergebnisses zu erzielen?

In anderen Worten:

Finde heraus, was die wenigen wichtigen Dinge sind, die du tun kannst, um das meiste rauszuholen.

Und genau diese wenigen wichtigen Dinge machst du ganz oft.

Beispiel Mathe-Klausur:

Theoretisch könntest du das komplette Mathebuch auswendig lernen, alle 300 Aufgaben durchrechnen und dich jeden Tag 2 Stunden mit Mathe-Nerds treffen.

Einige dieser Dinge, werden aber irgendwann keinen großen Unterschied machen und sind verdammt aufwändig.

Stattdessen kannst du die 80:20 Regel anwenden:

Was sind die wenigen Dinge, die ich tun kann, damit ich das größte Ergebnis erziele?

Bei Mathe sind es ganz oft Übungsaufgaben. Niemand verlangt von dir, dass du 200 Formeln auswendig hinschreibst. Selbst wenn dir das vielleicht in einer Aufgabe helfen könnte, ist das nicht für den Großteil der Mathe-Note verantwortlich.

Aufgaben rechnen allerdings schon. Sie sind die eine Sache, die du tun kannst, die für den Großteil des Ergebnisses verantwortlich ist.

Deswegen wäre ein cleverer Weg, sich komplett darauf zu konzentrieren eine Aufgabe nach der anderen zu rechnen, bis du die Aufgaben richtig gut kannst.

Oder generell beim Lernen:

Die Profs an der Uni sagen dir zwar immer, dass das ganze Skript dran kommt. Aber Bullshit!

Es kommt immer das dran, was auch in den letzten Jahren dran kam. Also vergiss das Skript, mach "Mut zur Lücke" und besorge dir die Altklausuren der letzten Jahre und orientiere dich an denen!

Generell wirst du über den Tag verteilt immer wieder Situationen finden, in denen du die 80:20 Regel anwenden kannst.

Deswegen unsere Aufgabe an dich:

Versuche in den nächsten 7 Tagen so viele 80:20 Chancen zu erkennen wie du kannst und überlege dir dann immer: Was sind hier die wenigen wichtigen Dinge, die ich tun kann, um den Großteil des Ergebnisses zu erreichen?

Wir versprechen dir: Wenn du die Regel anwendest, wirst du merken, wie viel schneller du Ergebnisse erzielst und wieviel entspannter du bei der Sache bist.

Hier nicht falsch verstehen:

Das bedeutet nicht, dass du faul werden sollst! Wenn 100% nötig sind, dann musst du 100% machen. Es geht vielmehr darum herauszufinden, was die größten Hebel sind, und diese zu betätigen.

Bei einer Firma ist es z.B. oft so, dass 20% der Kunden für 80% der Einnahmen verantwortlich sind. Das heißt, wenn du insgesamt 10 Kunden hast, sorgen 2 Kunden für die meisten Einnahmen, z.B. weil die anderen 8 Kunden mega selten etwas kaufen oder sofort kündigen.

Es würde viel zu viel Energie kosten sich krampfhaft darauf zu konzentrieren, dass diese 8 Kunden etwas von dir kaufen. Viel cleverer ist es sich anzuschauen, wer die 2 Kunden sind, die so viel Umsatz generieren. Und genau von der Sorte findest du dann mehr und mehr.

Irgendwann hast du dann nur noch Kunden der Sorte, die viel Umsatz generieren und hast höhere Ergebnisse erzielt, als wenn du dich an den 8 anderen Kunden festgeklammert hättest.

Und dieses System kannst du auf alle Lebensbereiche übertragen.

Konkret bei uns:

Wir könnten theoretisch natürlich jedes Video von uns so krass aufwändig produzieren, dass jeder Pixel sitzt, und man es in einem 3D-IMAX-Kinofilm zeigen könnte.

Aber wozu?

Lieber konzentrieren wir uns auf die 20% an Aufwand, die das Ganze zu einem mega hilfreichen Video machen, als zu viel Zeit mit Dingen zu verschwenden, die am Ende sowieso niemandem auffallen.

Die Zeit, die wir dadurch gewonnen haben, investieren wir wiederum in noch mehr Videos, bei denen wir uns wieder auf die 20% an Aufwand konzentrieren, die für den Hauptteil des Ergebnisses verantwortlich sind.

So können wir im Endeffekt mehr Videos produzieren und helfen dadurch schneller noch mehr Leuten. Die Videos sind natürlich trotzdem alle mega professionell, aber eben kein IMAX-Film, weil sowas beim Lernen nicht weiterhilft.

Genauso bei unserer App:

Als wir unsere App veröffentlicht hatten, war sie noch lange nicht da, wo wir sie haben wollten. Aber wir haben das 80:20 Prinzip angewendet, uns auf die Dinge konzentriert, die das größte Ergebnis erzielen und die App veröffentlicht.

Wir haben also die App online gestellt, obwohl wir wussten, dass sie noch nicht zu 100% perfekt war und noch nicht mal 100% des Inhalts da war.

Aber das ist im Endeffekt viel besser, weil wir dann sofort Feedback bekommen und es dadurch nach der Veröffentlichung immer noch besser machen können. Es kann ja immer sein, dass es die "Kunden" am Ende komplett anders sehen und deine 100% gar nicht den 100% der Kunden entspricht. Dann steckst du einen Arsch voll Arbeit rein, aber musst alles wieder umschmeißen, weil sich die Welt komplett verändert hat oder die Leute es einfach anders sehen als du :D

Und es hat funktioniert:

Ein knappes Jahr später wurde sie im Play Store und im App Store fett gefeatured und gehörte zu den besten deutschen Apps in 2016.

PARKINSONS LAW

Stell dir vor, es ist Sonntagabend. Du chillst gerade gemütlich auf der Couch und hast dein Tagespensum an Assi-TV fast erfüllt.

Plötzlich schaust du auf dein Handy und siehst ne Nachricht von deinem Kumpel:

“Und, wie weit bist du mit deinem Referat für morgen?”

Du nur: FUCK.

Du hattest komplett vergessen, dass du für morgen ein Referat hättest vorbereiten müssen. Also hockst du dich sofort an den Schreibtisch und überlegst schnell, wie du das bis morgen hinkriegen kannst.

Du fängst an, machst wahrscheinlich die Nacht durch und am nächsten Tag hast du dein Referat irgendwie fertig bekommen!

Warum?

Das Phänomen nennt sich “Parkinsons Law” und es besagt:

“Work expands so as to fill the time available for its completion.”

Auf Deutsch:

“Arbeit dehnt sich in genau dem Maß aus, wie Zeit für ihre Erledigung zur Verfügung steht.“

Das bedeutet folgendes:

Du hast eine bestimmte Aufgabe, die du zu erfüllen hast. Und dann hast du einen Zeitraum gegeben, in dem die Aufgabe erfüllt werden muss.

Irgendwie brauchst du IMMER den kompletten Zeitraum, der dir zur Verfügung steht.

Hättest für das Referat 2 Wochen Zeit gehabt (und es nicht vergessen :D), hättest du auch 2 Wochen Zeit gebraucht.

Hättest du für das gleiche Referat nur 1 Woche gehabt, hättest du es auch in einer Woche geschafft.

Aber woran liegt das?

Dein Gehirn stellt sich komplett auf den Zeitraum ein, den du zur Verfügung hast. Wenn du WEIßT, dass du 2 Wochen hast, dann DENKST du auch, dass du 2 Wochen brauchst.

Zum Beispiel liest du dein Referat zu oft Probe, was mehr Zeit kostet. Aber du machst es, weil du denkst, dass du wirklich 2 Wochen brauchst.

Oder du recherchierst am Anfang zu lange, weil du denkst, dass du so lange recherchieren musst.

Der Punkt ist einfach:

Egal welche Aufgabe du hast, du brauchst IMMER den kompletten Zeitraum, der dir zur Verfügung steht.

Und das kannst du dir zunutze machen.

Wie?

Indem du dir selbst kürzere Zeiträume setzt.

In der Uni wurde uns zum Beispiel teilweise von Profs gesagt, dass wir 4 Wochen auf eine Klausur lernen müssen, sonst schaffen wir es nicht.

Während die meisten anderen tatsächlich 4 Wochen drauf gelernt haben, haben wir erstmal 1 Woche Urlaub gebucht, sodass wir nur noch 3 Wochen Zeit hatten.

Und hat es sich negativ auf unsere Note ausgewirkt? Nein, im Gegenteil! Manchmal waren wir sogar besser, als unsere Kollegen, die eine Woche länger gelernt hatten.

Setze dir also eigene Fristen, die so kurz wie möglich sind. So sparst du extrem viel Zeit und erzielst trotzdem die gleichen, wenn nicht sogar bessere Ergebnisse.

Und jetzt kommt die absolute Bomben-Kombination für Produktivität:

Kombiniere das 80:20 Prinzip mit Parkinsons Law!

Auf deutsch: Finde zuerst die wenigen wichtigen Dinge, die für den Hauptteil des Ergebnisses verantwortlich sind. Und im nächsten Schritt setzt du dir für diese Dinge sehr kurze Fristen.

Zum Beispiel beim Lernen an der Uni:

Wenn du dir die Altklausuren besorgt hast (80:20 Prinzip), dann sagst du dir, dass du pro Tag nur 3 Stunden Zeit zum Lernen hast (Parkinsons Law).

Dadurch machst du GENAU die Dinge, die für den Erfolg verantwortlich sind, und diese Dinge machst du zu 100% konzentriert, weil du weißt, dass du nur 3 Stunden Zeit hast.

Du kannst uns glauben: Das wird dein Leben verändern!

Konkret bei uns:

Wir setzen uns für alle Projekte die wir haben extrem kurze Deadlines.

Zum Beispiel haben wir uns beim Schreiben dieses Buchs das Ziel gesetzt, den kompletten Inhalt in Stichpunkten in einer Woche aufzuschreiben. Hat funktioniert!

Aber auch in anderen Bereichen wenden wir das Prinzip an, z.B. bei Meetings:

Erstmal versuchen wir so wenig Meetings wie möglich zu halten, weil sie oft unnötig sind und durch eine Mail ersetzt werden können.

Als nächstes setzen wir Meetings aber auch sehr kurz an. Standardmäßig werden im Kalender 30 Minuten oder 60 Minuten Meetings angesetzt. Warum? Weil der Kalender dafür ausgelegt ist.

Dein Leben ist aber kein scheiß Kalender! Warum 30 Minuten ansetzen, wenn das Meeting eigentlich nur 20 Minuten benötigt? Oder 15. Oder 4.

Bei der Gelegenheit ein Tipp für deine Zukunft, wenn du mal Meetings hältst:

Meetings solltest du wirklich nur machen wenn absolut notwendig!!! Ein 2 Stunden Meeting mit 8 Personen ist kein 2 Stunden Meeting, sondern ein 16 Stunden Meeting!

Warum? Weil insgesamt 16 Stunden produktive Arbeitszeit verschwendet wurde, in der man hätte "Value" bringen können, der mit Sicherheit mehr gebracht hätte, als das Ergebnis des Meetings.

Behalte das im Hinterkopf: Meetings nur im absolut wichtigsten Fall und dann auch mit begrenzter & kurzer Zeit, Parkinsons Law grüßt :-)

FOCUS

Focus.

Eigentlich sagt es schon alles.

Wenn du etwas machst, dann fokussiere dich zu 100% darauf. Lasse dich von nichts und niemandem ablenken, sondern fokussiere deine komplette Konzentration und Willenskraft auf die eine Sache, die du tun willst.

Warum ist das so wichtig?

Wir kennen alle diese Momente, in denen wir produktiv arbeiten wollen, aber dann kommt irgendetwas dazwischen. Entweder man lernt gerade und ständig läuft irgendjemand ins Zimmer und unterbricht einen.

Aber auch in anderen Lebensbereichen:

Du verbringst gerade Zeit mit deiner Freundin, deinem Freund oder deiner Familie? Dann fokussiere dich zu 100% da drauf und schreibe nicht gleichzeitig mit anderen Leuten auf WhatsApp.

Erst wenn du komplette Freiheit von Störfaktoren hast, kannst du dich komplett entfalten. Ansonsten bist du zwischen zwei Dingen hin- und hergerissen und machst nichts davon richtig.

Sobald du nämlich dafür sorgst, dass du dich zu 100% konzentrieren kannst, kommst du in einen Status von "Deep Work", indem du die Welt um dich herum vergisst und voll und ganz bei der Sache bist. Du kannst schneller denken, fühlst mehr, deine Sinne sind geschärft.

Das ist ein Status, indem die besten Dinge passieren.

Denkst du Mark Zuckerberg hat Facebook entwickelt, indem er sich nebenbei drei Staffeln von Game Of Thrones reingezogen hat?

Wohl kaum.

Aber wie schafft man sich eine Umgebung, in der man sich fokussieren kann?

Erst einmal musst du gut planen. Nimm dir einen Kalender und blocke einen Zeitraum, in dem du dich voll und ganz auf die Sache konzentrieren kannst, die du machen willst.

Im nächsten Schritt eliminierst du alle Ablenkungen oder Unterbrechungen, die entstehen könnten. Wenn du zum Beispiel lernen musst, dann sag deinen Zimmernachbarn / Eltern / etc. Bescheid, dass sie dich in der bestimmten Zeit nicht stören sollen.

Genauso wenn du bei deiner Familie, deiner Freundin oder deinem Freund bist, leg das Handy weg, lass dich nicht ablenken und fokussiere dich komplett auf diese Person.

Jetzt kommen wieder die Kritiker:

“Aber wenn ich mehrere Sachen gleichzeitig mache, dann bin ich doch produktiver.”

Nein. Bist du nicht.

Das Konzept nennt man Multitasking und das ist komplett für den Arsch. Es funktioniert nicht. Und jeder der dir sagt, Multitasking ist etwas gutes, dem sei gesagt:

Nein. Ist es nicht.

Dein Gehirn funktioniert wie ein Computer mit nur einem Prozessor. Es kann immer nur eine Sache auf einmal. Wenn du jetzt Multitasking betreibst, dann muss dein Gehirn innerhalb einer Sekunde gefühlt Millionen Mal zwischen diesen beiden Tätigkeiten umschalten. Das fühlt sich am Ende vielleicht so an, als würde man die zwei Sachen gleichzeitig machen, aber eigentlich switcht dein Gehirn einfach ganz oft hin und her.

Der Effekt: Immer wenn dein Gehirn zurückswitcht braucht es eine kleine “Einarbeitungszeit”, um wieder zu wissen wo es vorher aufgehört hat.

Und diese Einarbeitungszeit summiert sich über die Zeit.

Am Ende hast du also für zwei gemultitaskte Tätigkeiten länger gebraucht, als wenn du sie fokussiert hintereinander gemacht hättest.

Deswegen merken:

“Multitasking stinkt nach Fisch”.

Und wenn du irgendwann mal gefragt wirst, was du von Multitasking hältst, sagst du einfach, und wir wiederholen:

“Multitasking stinkt nach Fisch.” :D

Konkret bei uns:

Wir haben unseren Tag strikt in Blöcke eingeteilt. Jede Tätigkeit hat einen Zeitblock. Und in diesem Zeitblock fokussieren wir uns zu 100% auf diese Tätigkeit.

Die Mails sind aus, das Handy auf stumm. Das Ding wird ohne Unterbrechungen durchgeballert.

Gerade morgens haben wir einen fetten Block von 9 bis 13 Uhr, den wir “Maker Time” genannt haben. Hier erarbeiten wir Konzepte oder arbeiten extrem kreativ, ohne Ablenkung von außen.

In der Zeit darf uns auch niemand anrufen oder stören und kein Meeting findet vor 13 Uhr statt. Das heben wir uns alles für den Nachmittag auf, wo wir nach einem produktiven Morgen dann beruhigt den anderen Kram regeln können.

Genauso checken wir auch nur zwei Mal am Tag unsere Mails für jeweils 30 Minuten. Wir überlegen sogar, ob wir die Mailtime auf nur einmal 30 Minuten pro Tag reduzieren.

Und verstehe das nicht falsch: Wir machen das nicht, weil wir so WENIG Mails bekommen, sondern weil wir so VIELE bekommen.

Täglich kommen extrem viele Mails in unser Postfach. Wenn wir also immer dann direkt zurückschreiben würden, wenn die Mails reinkommen, dann würden wir nur noch auf Mails reagieren und hätten keine Zeit mehr für die wirklich wichtigen Dinge.

Außerdem ist unser Handy den kompletten Tag über stumm. Niemand soll darüber entscheiden, wann wir Zeit zum telefonieren haben. Wenn man uns nicht erreicht, soll derjenige uns einen Terminvorschlag per Mail schicken. Das Telefonat wird anschließend so geplant, dass es bei allen passt.

Wir sind der Meinung , dass eine gut strukturierte und kurz gefasste Nachricht in Textform produktiver für alle Seiten ist, als wegen jedem Scheiß die Leute anzurufen.

WICHTIG VS. DRINGEND

In der heutigen Zeit sind wir irgendwie alle überfordert. Es gibt einfach viel zu viele Aufgaben, die man jeden Tag erledigen muss. Hat man eine Aufgabe dann endlich geschafft, sind in der Zeit schon 5 neue reingekommen.

Das ist oft in der Schule schon so: Die Mum will, dass man das Zimmer putzt, dann soll man sich noch mit Freunden treffen, will seinem Hobby nachgehen, muss für 3 Klausuren lernen und dann soll man auch noch nebenbei Geld verdienen.

Die traurige Nachricht: Im Arbeitsleben wird die ganze Sache noch schlimmer. Es gibt plötzlich nicht mehr nur die Mum, sondern gefühlt tausend Kollegen, die alle was von einem wollen.

Das Problem hier ist: Die meisten Menschen hangeln sich von dringender Aufgabe zu dringender Aufgabe und vergessen dabei eins: Wichtige Aufgaben!

Was meinen wir damit?

Man kann Aufgaben in verschiedene Kategorien einteilen. Einmal gibt es wichtige und unwichtige Aufgaben. Wichtige Aufgaben sind zum Beispiel Sachen, die dich persönlich extrem weiterbringen. Das Fertigstellen deines Buchs, das Lernen fürs Mathe-Abi, weil du einen 1er Schnitt brauchst oder die Verbesserung eines wichtigen Arbeitsablaufes. Unwichtige Aufgaben sind eben unwichtig. Das Zimmer oder Büro aufräumen, unwichtigen Mails antworten, usw. Einfach Aufgaben, die Zeit fressen, dich aber auch nicht wirklich deinem Ziel näher bringen.

Dann kann man Aufgaben noch unterteilen in dringend und nicht dringend. Dringende Aufgaben haben eine enge Deadline, zum Beispiel muss bis morgen die Hausarbeit abgegeben werden, oder bis morgen muss die Präsentation für die Investoren fertig sein. Nicht dringende Aufgaben sind dann eben nicht dringend #captainobvious :D

Die beiden Einteilungen lassen sich jetzt kombinieren zu der Matrix hier:

	Wichtig	Nicht wichtig
Dringend	Jetzt erledigen!	Delegieren!
Nicht dringend	Fest einplanen!	Wegwerfen!

Man hat dann am Ende 4 Felder:

- Wichtig & dringend
- Nicht wichtig & dringend
- Wichtig & Nicht dringend
- Nicht wichtig & Nicht dringend

Die meisten Menschen bewegen sich nur in der oberen Hälfte der Matrix. Sie springen von einer dringenden Aufgabe zu nächsten, scheiß egal ob wichtig, oder unwichtig. Das Schlimme daran: Diesen Menschen ist nicht mal bewusst, dass es diese Einteilung gibt. Und das sorgt dafür, dass die wichtigen Aufgaben, die nicht dringend sind, vergessen werden! Und das ist ein Problem! WICHTIGE Aufgaben werden vergessen, nur weil sie nicht dringend sind.

Wie macht man es also besser?

Ganz einfach: Der erste Schritt ist, dass du diese Matrix komplett verstehst. Du musst exakt wissen, was damit gemeint ist und die ab jetzt immer in deinem Kopf haben.

Dann Schritt 2: Wenn jetzt eine neue Aufgabe auf dich zukommt, dann fang nicht einfach wieder stupide an diese Aufgabe abzuarbeiten, sondern überlege dir erstmal ganz genau in welches Feld diese Aufgabe fällt. Ist die Aufgabe wichtig oder unwichtig? Ist sie dringend oder nicht dringend?

Hier ist es wichtig, dass du wirklich ehrlich damit bist, ob etwas wichtig oder unwichtig ist. Im ersten Moment denkt man immer alles ist irgendwie wichtig. Das ist aber Bullshit. Wenn jede Aufgabe für dich gleich wichtig ist, dann kommst du niemals aus diesem Wirbelwind raus und wirst für immer Sklave der anderen und deiner Zeit sein. Überleg also ganz genau: Was für Effekte hat es, wenn ich diese Aufgabe erledige? Welche Effekte hat es im worst case, wenn ich die Aufgabe nicht erledige? Und damit dann: Ist es also der Aufwand wert?

Wenn eine Aufgabe unwichtig ist, dann finde heraus ob sie dringend ist oder nicht. Der einfache Fall: Wenn sie nicht wichtig und nicht dringend ist: Wirf sie weg! Streich die Aufgabe von deiner Liste, wirf den Zettel in den Mülleimer oder lösch den Kalendereintrag. Wenn etwas nicht wichtig und auch nicht dringend ist, hat es deine Aufmerksamkeit auch nicht verdient. Dafür ist deine Zeit zu schade! Sag Ciau :D

Wenn etwas unwichtig ist, aber dringend erledigt werden muss, dann hast du leider keine Wahl. Irgendjemand muss es ja machen, es ist dringend. Genau! “Irgendjemand”. Wer sagt, dass du alles machen musst. Kommt so eine unwichtige dringende Aufgabe auf dich zu, versuch sie IMMER - und damit meinen wir IMMER!!! - zu delegieren. Also in einfachem Deutsch: Versuch die Aufgabe an jemand anderes abzudrücken. Und hier ist es wichtig: Du machst das Ganze nicht weil du faul bist, nein! Du machst das ganze, weil DU dich dann auf WICHTIGE Dinge konzentrieren kannst! Und das bringt dich dann schneller zum Erfolg.

Hast du eine wichtige Aufgabe entdeckt, dann musst du sofort herausfinden, ob sie dringend oder nicht dringend ist. Ist sie dringend, dann ist die Sache wieder einfach: Du machst sie sofort. Alles andere ist unwichtig! Wichtige Aufgaben haben immer höchste Priorität!

Ist die wichtige Aufgabe aber nicht unbedingt dringend, dann wird es komplizierter! Die meisten Menschen vergessen diese Aufgabe dann, was auf lange Sicht gesehen immer schlechte Konsequenzen hat. Immerhin hat es ja auch einen Grund, warum die Aufgabe wichtig ist. Deswegen hier konkret: Wenn du eine wichtige und nicht dringende Aufgabe hast, dann plan sie fest für die Zukunft ein. Blockiere dir einen Zeitblock zum Beispiel eine Woche später, an dem du auf jeden Fall diese WICHTIGE Aufgabe erledigen wirst. Nur so stellst du sicher, dass wichtige Aufgaben nicht vergessen werden, nur weil sie nicht unbedingt dringend sind.

Ein typisches Beispiel dazu aus dem Privatleben:

Viele Menschen sagen "Familie ist das Wichtigste für mich überhaupt!" - wir mit eingeschlossen. Leider handeln viele Menschen nicht nach diesem Satz. Warum?

Familie ist eine typische wichtige Aufgabe, die aber nicht dringend ist. Es ist wahrscheinlich nie wirklich dringend, dass du Zeit mit deiner Familie, deinen Freunden, deinem Partner oder deinem Kind verbringst. Niemand sitzt da und zwingt dich, dass du bis zu einer bestimmten Deadline Zeit mit deinem Kind verbracht hast.

Das Problem: In deinem Arbeitsleben gibts ziemlich oft Leute die da sitzen, und dich mit dringenden Aufgaben vollballern. Man arbeitet Überstunden, kommt spät nach Hause und hat kaum mehr Zeit für Familie und Freunde. Alles nur, weil dringende Aufgaben die wichtigen Aufgaben verdrängen. Sorge dafür, dass das nicht passiert!

Wenn du weißt, was WICHTIG ist - sei es für deine Karriere, für deine Ziele oder allgemein betrachtet für dein Leben, dann sorg dafür, dass du diese wichtigen Sachen auch immer erledigst. Dass du feste Zeitblöcke einteilst in denen du diese wichtigen Sachen machst. Damit dringende (unwichtige) Sachen nie die Chance haben, die wirklich wichtigen Sachen zu verdrängen.

Konkret bei uns:

Jeden morgen haben wir beide 3-4 Stunden für fokussierte Arbeit blockiert. Wir nennen das ganze "Maker Time". Klingt halt einfach sau cool :D

Und das Ziel dieser "Maker Time" ist eins: Wir nutzen diese Zeit fokussiert komplett ohne Ablenkung um an wichtigen Dingen zu arbeiten, die nicht immer unbedingt dringend sind.

Morgens haben wir dafür noch am meisten Energie. Außerdem ist morgens meist noch weniger los, es kommen weniger Mails rein, weniger Kollegen wollen was von einem und weniger Aufgaben haben sich über den Tag angestaut. So haben wir morgens die Chance uns und TheSimpleClub voran zu bringen, indem wir an den wichtigen Aufgaben weiterarbeiten.

Ein Beispiel: Für TheSimpleClub haben wir lange an einem verbesserten Workflow-Prozess gearbeitet. Das Ziel war es, noch bessere Videos zu produzieren, aber das in einer kürzeren Zeit und günstiger, sodass wir mehr bessere Videos pro Woche veröffentlichen können. Diese Aufgabe war auf jeden Fall wichtig! Als Startup muss man ständig seinen Workflow-Prozess optimieren und immer bessere Produkte machen. Nur so können wir langfristig gegen große millionenschwer-finanzierte Konkurrenten überleben, das war klar.

Die Aufgabe war aber auf keinen Fall dringend. Der Workflow-Prozess lief schon super und es gab keine großen Probleme deswegen. Wir wussten nur, dass wir auf lange Sicht betrachtet besser werden müssen.

Letztendlich haben wir uns morgens in der "Maker Time" also auf diese wichtige Aufgabe fokussiert. Zu der Zeit kamen oft dringende (unwichtigere) Aufgaben herein, die wir oft deswegen ignoriert haben. Kleine Problemchen, die vielleicht auch manchmal kleine Brände ausgelöst hatten. Aber sobald wir bei dem neuen Workflow-Prozess waren, war das alles egal!

Die Aufgabe war so wichtig, dass es am Ende alles verbessert hat und dann war es auch egal, dass deswegen vielleicht vorher 2-3 kleine Sachen schief gelaufen sind.

Am Ende war die Aufgabe nämlich verdammt WICHTIG zu erledigen!

The One Thing

Ok, jetzt hast du sau viel über “wichtig” und “dringend” gehört.

In dem Zusammenhang passend ist das Mindset “The One Thing” aus dem gleichnamigen Buch “The One Thing”. #malwiedercaptainobvious :D

“The One Thing” haben wir beide das erste Mal 2015 gelesen und seit dem wenden wir beide das Prinzip an! Das Ding bewirkt fucking Wunder!

Ok, was ist “The One Thing”?

Im Prinzip ist es ganz einfach: Egal welche Aufgabe du gerade machst, oder gerade machen musst. Fragt dich dabei IMMER:

“What’s the One Thing I can do now, so that everything else is unnecessary or easier to do?”

Oder auf Deutsch:

“Was ist DIE EINE SACHE, die ich JETZT machen kann, sodass alles andere einfacher oder sogar unnötig wird?”

Sobald du anfängst deine Aufgaben zu planen, stellt dir immer diese eine Frage. IMMER! IMMER! IMMER!

Guck dir genau an, was du gerade machst und überlege dir genau, warum du das gerade machst. Dann überlege, ob du vielleicht etwas machen könntest, sodass du das Ganze nicht mehr machen musst. Oder gibts was, was du machen könntest, sodass deine Aufgaben einfacher werden?

Mal ein einfaches Beispiel:

Du musst jeden Tag eine Aufgabe erledigen, die 1h Arbeit braucht. 5 Tage die Woche.

Jetzt findest du durch die Frage heraus, dass du die Aufgabe automatisieren könntest. Du könntest ein Programm schreiben, dass dafür sorgt, dass du nur noch 30 Minuten brauchen würdest, um die 1h Aufgabe zu erledigen. Das Problem: Bis du das Programm hast brauchst du mindestens 20 Stunden.

Die meisten denken dann: "Oh fuck, viel zu viel Aufwand. Bis ich jetzt das Programm geschrieben habe, hab ich die Aufgabe doch schon selbst erledigt."

Das ist fucking dumm! Bullshit. So denken Verlierer!

Egal was du machst! Denke langfristig! Und mit "The One Thing" hast du das perfekte Vorgehen dafür.

"What's the One Thing I can do now, so that everything else is unnecessary or easier to do?"

Das "One Thing" wäre im Beispiel also das Programm. Die eine Sache, sodass "everything else", nämlich die 1h Aufgabe, "easier to do" wird, nämlich nur noch 30 Minuten dauert.

Du steckst jetzt also 20 Stunden Arbeit in das Programm. In der Zeit hättest du 20 Tage lang die Aufgabe erledigen könn en. Nach den 20 Tagen brauchst du aber plötzlich nur noch 30 Minuten am Tag für die Aufgabe, weil du ja jetzt das geile Programm von dir hast. Nach 40 Tagen letztendlich, hast du die 20 Stunden Anfangsarbeit wieder drin. Nach 60 Tagen, sogar schon 10 Stunden insgesamt eingespart. Nach einem Jahr 160 Stunden!!!

Klar, einmal hattest du mehr Arbeit. Aber dieser Mehraufwand hat sich dann auf lange Sicht gelohnt! Und genau das ist das Prinzip von "The One Thing".

Konkret bei uns:

Unser beider größtes "One Thing" bisher war wahrscheinlich das Einstellen eigener Mitarbeiter. Konkret zum Beispiel das Einstellen von Cuttern & Motion Designern, die die Videos erstellen sollten.

Nachdem wir TheSimpleMaths auf TheSimpleClub ausgeweitet hatten, haben wir beide noch ziemlich viel direkt in der Videoproduktion gemacht. Das aus 2 Gründen: Zum einen natürlich um Kosten zu sparen, zum anderen aber auch, weil wir beide die Experten waren. Wir beide hatten zu zweit jedes einzelne Mathe-Video bisher komplett produziert. Wir wussten wie der Hase läuft, und wir hatten eine genaue Vorstellung wie alles am Ende aussehen soll.

Diese zu Anfang enge Integration in die eigentliche Videoproduktion führte leider schnell zu Problemen. Plötzlich hatten wir mit der GmbH viele administrative Aufgaben zu erledigen. Auch fielen immer mehr Aufgaben an, die TheSimpleClub an sich weiter voranbringen sollten: Die Konzeption einer eigenen Lernplattform, die Entwicklung neuer Formate und neuer Fächer, usw. Wir beide waren von der Gesamtsituation immer mehr überfordert. Als dann endlich die finanziellen Mittel da waren, war klar: Wir müssen jemanden einstellen, der uns unseren Teil der Videoproduktion abnimmt.

Ganz ehrlich: Am Anfang ist das gar nicht so einfach. Man selbst hatte das Ganze schon tausend Mal gemacht, man selbst war der Experte und man selbst wusste ganz genau, wie man sich das fertige Video am Ende vorstellt. Jetzt sollte man plötzlich irgendjemand anderem diese komplette Verantwortung abgeben!

Was ist wenn der es verkackt? Was ist, wenn der es nicht so gut kann? Was ist, wenn das Video scheiße ist? Was ist, wenn ich ihm alles erkläre, er es aber nicht versteht?

Man sucht plötzlich Ausreden. Warum sollte man sich jetzt auch paar Tage mit jemandem hinsetzen und ihn einarbeiten, in der Zeit hätte man doch selbst 20 Videos produziert...

Zum Glück waren unsere Bedenken gering. Wir wussten, dass wir langfristig denken mussten! Jetzt machen wir einmal die Arbeit jemanden zu suchen,

Stellenanzeigen zu schreiben, Vorstellungsgespräche zu führen und jemanden wochenlang einzuarbeiten. Das wird jetzt einmal viel, aber dann werden wir langfristig davon profitieren.

Unsere Arbeit auszulagern war unser “One Thing”.

Und das Ergebnis: Es hat sich gelohnt!

Alle Sorgen und Bedanken waren komplett unbegründet. Wir haben jetzt ein hammer geiles Team an coolen Motion Designern und Cuttern, die produktiver und vor allem viel besser als wir beide Videos produzieren können. Die Qualität der TheSimpleClub Videos ist dadurch extrem gestiegen und wir haben mehr Luft, TheSimpleClub weiter voran zu bringen.

Everything wurde easier oder unnecessary to do :-)

Plan your day

Kennst du das?

Es gibt manchmal so Tage, da hat man extrem viel zu tun, aber irgendwie schafft man gar nichts. Man kommt einfach nicht voran.

Wenn man an so einem Tag mal genau drauf achtet, erwischt man sich oft in folgender Situation: Man sitzt da, hat hunderte von Aufgaben in seinem Kopf die man erledigen muss, aber kommt nicht wirklich zu einem Start. Man weiß einfach nicht wo man anfangen soll. Das frisst Zeit, und am Ende hat man nichts erledigt.

Uns selbst geht das ganz selten manchmal noch so. Wenn wir uns in so einem Moment erwischen klingeln sofort die Alarmglocken. Der Grund für die Situation ist dann nämlich einfach: Es fehlt die Planung!

Die richtige Planung hilft dir nicht nur zu wissen, wo du jetzt anfängst, sie spart dir auch noch extrem viel Zeit!

Oft hat man ganz viele Aufgaben zu erledigen und dann ist die Ausrede immer: “Ja, aber ich hab keine Zeit zu planen. Ich bin von den Aufgaben so überhäuft, dass ich nicht mehr weiß, wo oben und unten ist.” Aber genau dann solltest du planen!

Wir haben es oben gesagt:

Planung spart Zeit!

Oder besser gesagt: Richtige Planung spart Zeit! Und wie du richtig planst, zeigen wir dir jetzt :P

Es gibt mehrere Methoden, wie du das Planen angehen kannst. Todo-Listen, Not-Todo-Listen (Sachen, die du auf keinen Fall machen willst :D), priorisierte Todo-Listen, deine-Mudda-Todo-Listen, und tausend mehr :D

Wir wollen dir jetzt unsere grundlegende Methode zeigen, wie wir Dinge planen und dann konkret zeigen, wie wir es jeden Tag bei uns machen:

Zuallererst verschaffst du dir einen Überblick über alle deine Aufgaben. Entweder du hast das sowieso schon irgendwo stehen, oder es ist alles in deinem Kopf. Ist letzteres der Fall, dann ist es ganz wichtig, dass du alles aufschreibst. Das Schlimmste an vielen Aufgaben ist meistens nicht die Menge der Aufgaben an sich, sondern das stressige Gefühl, wenn man die ganzen Aufgaben in seinem Kopf hat. Genau das erzeugt dann auch diese Verwirrung und dieses "ich weiß nicht wo ich anfangen soll". Und das erzeugt Stress. Wie so tausend kleine hässliche Menschen in deinem Kopf, die die ganzen Aufgaben in deinem Kopf rumschmeißen.

Um diese tausend hässlichen Menschen wegzukriegen, schreibst du alle Aufgaben auf, die in deinem Kopf sind. Damit hast du dann einen Überblick und - viel wichtiger - du bist den ganzen Stress los. In dem Moment, wo du die Aufgaben auf einem Blatt Papier festhältst, weiß dein Gehirn, dass du sie nicht mehr vergessen kannst und kann sich beruhigen.

Das ist grundsätzlich immer eine gute Idee: Wenn du Stress aufkommen spürst, weil du deine Gedanken nicht mehr sortieren kannst, schreib alles runter. Das befreit den Kopf und hilft dir wieder klar zu denken.

Wenn du jetzt alle Aufgaben hast, kommt der nächste Schritt: Priorisieren.

Guck dir genau an, welche Aufgaben wichtig sind und welche Aufgaben dringend sind. Dann versuche das "One Thing" herauszufinden. Versuche auch das 80:20 Prinzip und das Parkinsons-Law auf diese Liste anzuwenden.

Das Ziel ist es am Ende genau zu wissen, was eben DIE eine wichtige nächste Aufgabe ist. Wenn du die dann hast, brich sie runter in kleine Teilschritte. Was ist der erste kleine Teilschritt, den du erledigen musst, damit die Aufgabe am Ende geschafft ist? Schreib das auch alles auf. Am Ende hast du dann nämlich einen fertigen Gameplan, Schritt für Schritt was du erledigen musst. Genau an dem hangelst du dich dann entlang, sodass du nie in die Situation kommst wo du nicht weiter weißt.

Kleines Beispiel: Deine Aufgabe ist es ein Buch zu lesen. Aber du hast keinen fucking Bock drauf. Wie soll man auch jemals die Aufgabe "Buch lesen" ganz erledigen können. Das dauert Wochen. Also muss es bei dir Klick machen und du musst denken: "Ok, was sind die einzelnen Teilaufgaben, damit ich die Endaufgabe erledigt habe?". Zum Beispiel ein Kapitel nach dem anderen, eine Seite nach der anderen, oder ganz verrückt, eine Zeilen nach der anderen. So kannst du dann die große Aufgabe in kleine runterbrechen und verlierst nie den roten Faden!

Konkret bei uns:

Planung ist für uns die Grundlage der ganzen Prinzipien die wir hier erklären. Oft müssen wir TheSimpleClub, Privatleben und Uni unter einen Hut bringen, deswegen ist es keine Seltenheit, dass in unserem Kopf tausend hässliche Menschen mit hässlichen Aufgaben sind. Ohne die richtige Planung wären wir komplett aufgeschmissen.

In den letzten Jahren haben wir deswegen einen extrem strikt geplanten Tagesablauf entwickelt. Die Details dazu findest du im Anhang des Buchs :)

Jeder Tag fängt mit dem wichtigsten Bestandteil an: Der Planung!

Wir setzen uns morgens mit unserem Notizbuch hin und überlegen, was wir an diesem Tag erreichen wollen. Dabei kombinieren wir die Informationen aus unserem Kalender, dort stehen meist die dringenden Aufgaben, mit den Informationen aus unserem Übersichtsboard, in dem unsere Ziele & Milestones der nächsten Monate stehen. Dabei machen wir auch eine kurze Bestandsaufnahme mit "Wo sind wir gerade?" und "Was sind die nächsten Schritte?".

Ziel dieser Tagesplanung ist es, 2 - 3 wichtige Dinge aufzuschreiben, die an dem Tag unbedingt erledigt werden sollen. Da hilft extrem der Gedanke: "Was will ich bis heute Abend erreicht haben, sodass ich heute Abend zufrieden ins Bett gehen kann?".

Diese 2-3 wichtigen Dinge sind dann das Allerwichtigste! Die Seite in unserem Notizbuch liegt dann den ganzen Tag offen vor uns, sodass wir immer wieder daran erinnert werden, was heute noch zu erledigen ist!

So sieht ein typischer Tagesplan von uns aus:

5. April

Kapitel „Ziele erreichen"
fertig schreiben

Wireframes für iOS
fertig designen

Teammeeting für nächste
Woche vorbereiten

Das Krasse: Durch dieses per Hand aufschreiben der 2-3 wichtigsten Sachen morgens, wird man extrem produktiv! Wir haben oft Tage, an denen wir schon vor dem Mittagessen fertig mit unseren wichtigsten Aufgaben sind. Einfach weil man so fokussiert und so gehyped ist diese Aufgaben auch zu erledigen. Durch das Aufschreiben gibt man sich morgens quasi selbst die Verpflichtung das Zeug auch erledigt zu haben. Und das geilste Gefühl ist dann, diese Aufgabe durchzustreichen!!! *.*

Probier es unbedingt mal aus! Zum einen, weil es dabei hilft den Kopf von Stress zu befreien und zum anderen, weil du so deinen Tag fest planst. Setz dich morgens (oder am Abend davor) hin, mit deinen Zielen vor Augen, und überlege ganz genau, was du heute erreichen willst.

Deine Produktivität wird explodieren! Versprochen!

EAT THAT FROG

“Eat that frog” ist ein ziemlich lustiges amerikanisches Sprichwort. Es bedeutet so viel wie: Wenn du morgens einen lebendigen Frosch isst, dann kannst du beruhigt durch den Tag gehen, weil es wahrscheinlich das schlimmste war, was dir an dem Tag passiert ist :D

Ist eigentlich eine ziemlich abartige Vorstellung. Wenn man aber genauer drüber nachdenkt macht die ganze Sache unglaublich viel Sinn.

Das Sprichwort bezieht sich auf die schwierigste Aufgabe die du erledigen musst. So eine richtig miese Aufgabe, vor der du dich seit Wochen drückst. Zum Beispiel eine Präsentation in einem Fach vorbereiten in dem du schlecht bist, eine schwierige Bewerbung schreiben oder endlich diesen ersten Kunden anrufen.

“Eat that frog” besagt jetzt, dass du diese schwierigste Aufgabe als aller erstes vom Tag erledigen solltest. Wenn du das nämlich erledigt hast, dann kannst du den restlichen Tag entspannt angehen. Das Schwierigste ist dann immerhin gemacht. Der eklige Frosch ist dann gegessen.

Wie gehst du das Ganze konkret an?

Mach dir - am besten schon am Abend vor dem nächsten Tag - bewusst, welche deine schwierigste Aufgabe ist. Wovor drückst du dich seit Wochen? Was schiebst du vor dir her, obwohl du es eigentlich längst hättest machen sollen? Genau die Aufgabe muss dann bei deinem Tagesplan an aller erster Stelle stehen.

Falls du mehrere schwierige Aufgaben hast, vor denen du dich gerade drückst, ist es am besten, wenn du die allerschwierigste wählst. Den absolut hässlichsten Frosch. Der muss nämlich zuerst gegessen werden. Wenn du den hässlichsten Frosch zuerst gegessen hast, dann sind die anderen hässlichen Frösche gar nicht mehr so schlimm.

Wähl also wirklich die krankeste Aufgabe aus und sag dir ganz klar: Diese fucking Aufgabe werde ich morgen früh als allererstes erledigen! Komme was wolle!

Und dann zählt es: Am nächsten morgen musst du es dann durchziehen! Setz dich hin sobald du wach und vorbereitet bist, schalte ALLE Ablenkung komplett aus und zieh die Aufgabe durch. Hör erst auf, wenn die Aufgabe komplett erledigt ist. Der ganze fucking Frosch muss gegessen werden. Als Ganzes. Nicht langsam, sondern einfach in einem Bums weg! Wie deine Aufgabe. Baller die einfach durch, bis alles erledigt ist.

Wir können dir versprechen: Das ist ein wahnsinnig geiles Gefühl! Sobald die Aufgabe fertig ist, war dein Tag schon erfolgreich! Das Schwierigste ist erledigt. Der hässlichste Frosch ist Weg. Ab jetzt kann es nur noch besser werden. Egal was jetzt noch passiert, du kannst zufrieden sein!

"Eat that frog" funktioniert aus 2 Gründen so gut:

Zum einen hast du am Morgen noch am meisten Energie. Du bist (hoffentlich) ausgeschlafen und dein Gehirn ist noch komplett frei. Am Anfang vom Tag hast du noch wenig Eindrücke bekommen. Wenig Input von außen, sodass es dir leichter fällt Fokus zu bewahren. Das sorgt dann dafür, dass es für dich viel einfacher werden wird die Aufgabe zu erledigen. Als Gegenbeispiel: Wenn du dich erst Nachmittags oder Abends an die schwierigste Aufgabe setzt, dann wirst du automatisch merken, dass die Motivation fehlt. Nachmittags und Abends ist man einfach schon erschöpfter. Man hat schon so viel externen Input bekommen, so viele Eindrücke und Gedanken, dass es schwerer fällt den Fokus zu bewahren. Außerdem hat man schon im Laufe des Tages viel Energie in andere Sachen stecken müssen. Die Batterie ist leer. Du fühlst dich erschöpfter. Das Gefühl kennst du bestimmt zu gut, wenn du nen anstrengenden Tag hast und Abends dann plötzlich noch was erledigen musst. Es ist eine Qual. Mit "Eat that frog" kannst du die Qual verringern.

"Eat that frog" hat für dich den weiteren Vorteil, dass du höchstwahrscheinlich weniger abgelenkt sein wirst. Morgens sind alle anderen entweder noch am pennen, oder wissen selbst noch nicht so wirklich was abgeht. Genau in der Zeit hast du die beste Chance super produktiv zu sein. Kaum jemand wird dich anrufen, kaum jemand wird dich ansprechen und kaum jemand wird dir eine Mail schreiben. Es konnten sich auch noch keine Aufgaben anstauen. Du bist frei, komplett ohne Ablenkung und hast dann die Chance richtig was zu reißen! Nutz diese Chance!

Stell dir einfach mal vor du setzt "Eat that frog" jeden Tag um. Jeden Tag erledigst du eine schwierige Aufgabe, die dich deinem Ziel näher bringt. Eine Aufgabe, die du sonst immer wieder verschoben oder verzögert hättest, obwohl sie eigentlich so fucking wichtig ist.

7 Tage die Woche. 7 schwere Aufgaben. Du wirst sehen, wie schnell du plötzlich deinem Ziel näher kommst!

Konkret bei uns:

Wir setzen die Prinzipien von "Eat that frog" in unserem Tagesplan um. Wie schon im Kapitel vorher beschrieben haben wir uns jeden morgen eine feste Zeitspanne für fokussierte Arbeit gesetzt. Dort gehen wir WICHTIGE Aufgaben an. Das sind meist Aufgaben, die auch nicht unbedingt einfach sind. Wichtige Aufgaben erfordern oft sehr viel Gedankenarbeit.

Zum Beispiel ist es eine schwere Aufgabe einen Workflow-Prozess neu zu durchdenken. Man muss erstmal klar definieren wo man eigentlich hinwill, wie man da hinkommt und wie man letztendlich alles umsetzt. Das lässt sich nicht in 15 Minuten machen. Da brauchen wir mindestens 2-3 Stunden fokussierte Arbeit.

Genau deswegen machen wir die Aufgaben am Morgen! Wir haben wenig Ablenkung und wir sind noch voller Energie. Die Erfahrung haben wir schon sehr oft gemacht: Wenn wir versucht haben eine gleiche Aufgabe am Abend zu erledigen, dann fiel uns die Sache viel schwerer. Das war so anstrengend, dass wir oft sogar abgebrochen haben, weil wir wussten wir kommen nicht mehr voran. Unsere Energie für den Tag war verbraucht.

Mit "Eat that frog" und unserem Tagesplan umgehen wir das. Die wichtigste und damit oft schwierigste Aufgabe wird direkt morgens erledigt. Wir ballern das Ding durch, komme was wolle. Handy ist im Flugmodus oder Stumm, Mails sind geschlossen und alle anderen Notifications aus.

Das beste Gefühl an der Sache: Spätestens zum Mittagessen haben wir dann die härteste Aufgabe direkt erledigt. Das ist ein hammer Gefühl! Das wichtigste ist gemacht, egal was jetzt noch passiert, der hässlichste Frosch ist gegessen und wir können heute Abend zufrieden schlafen gehen.

Probier das unbedingt aus! Such dir jetzt die Aufgabe, vor der du dich seit Wochen drückst und schreib sie dir JETZT in den Tagesplan für morgen. Bevor du morgen irgendwas anderes machst, wollen wir, dass du den hässlichsten Frosch gegessen hast! Jetzt liegt es an dir!

Schlaf, Fitness & Gesundheit

Vielleicht denkst du jetzt: Was hat Schlaf, Fitness & Gesundheit konkret damit zu tun, wie ich meine Ziele erreiche?

Die Antwort: Langfristig betrachtet ist es wahrscheinlich das wichtigste überhaupt! Und genau deswegen hat es auch ein Kapitel im Bereich "wie" verdient! Ohne Schlaf, Fitness und Gesundheit ist alles andere komplett unnötig. Es ist die Grundlage für alle Prinzipien die wir hier erklären. Warum?

Stell dir deinen Körper mal als Maschine vor. Die Kombination aus deinem Bewegungsapparat und deinem Gehirn sorgt dafür, dass du Ergebnisse erzielst. Du arbeitest, erzielst damit bestimmte Ergebnisse, um damit letztendlich dein Ziel zu erreichen. Also genauso wie eine Maschine, die irgendwo in einer Fabrik stehen könnte.

Wenn die Maschine länger läuft, oder härter läuft, dann erzielt die Maschine wahrscheinlich mehr Ergebnisse. Genauso auch bei dir: Wenn du länger arbeitest, oder härter arbeitest, dann hast du schneller die Ergebnisse oder bessere Ergebnisse und erreichst damit schneller dein Ziel.

Das Problem: Wenn die Maschine zu schnell oder zu hart läuft, dann geht die ganze Sache irgendwann nicht mehr gut. Wenn du die Maschine nicht ölst, nicht richtig pflegst oder zu lange Zeit auf voller Power laufen lässt, dann geht die Maschine langsam kaputt. Es passiert dann sehr wahrscheinlich, dass die Maschine plötzlich nicht mehr so gut arbeiten kann. Sie wird langsamer, verrostet und einzelne Teile fangen an kaputt zu gehen. Das sorgt dann dafür, dass die Ergebnisse der Maschine schlechter werden und du immer weniger Ergebnisse mit der Maschine erzielst. Genauso ist das auch bei dir und deinem Körper! Wenn du deinen Körper nicht richtig pflegst, dann wirst du langsam aber sicher immer schlechtere Ergebnisse erzielen und immer unproduktiver werden.

Der worst case: Die Maschine geht kaputt. Dann ist alles vorbei und alle Arbeit war umsonst.

Ziel dieses Buchs ist es, dir zu helfen deine Ziele zu erreichen. Und zwar auf dem produktivsten und schnellsten Weg wie nur möglich. Das beinhaltet aber auch, dass du dafür sorgen musst, dass du immer den produktivsten und schnellsten Weg gehen kannst. Auch musst du dafür sorgen, dass du noch in der Lage bist deine Ergebnisse zu ernten. Was bringt es dir, wenn du dich kaputt arbeitest, komplett auf deine Gesundheit scheißt und am Ende mit Burnout im Krankenhaus landest. Dann hilft dir das 200.000 Jahresgehalt plötzlich auch nichts mehr.

Zusammengefasst drücken wir es so aus: Wenn du nicht gesundheitlich fit bist, dann wirst du nicht in der Lage sein, produktiv zu arbeiten. Du wirst damit nicht in der Lage sein deine Ziele zu erreichen. Und damit wirst du fucking niemals das Leben erreichen, das du haben willst. Klingt hart. Ist aber so.

Wie sorgst du also dafür, dass du immer fit bist?

Ganz einfach: Im Prinzip besteht der ganze Spaß aus 3 Bestandteilen, auf die wir alle kurz eingehen:

- Schlaf / Erholung
- Sport / Fitness
- Ernährung

Fangen wir mit dem Schlaf an. Da ist es eigentlich ganz einfach zu sagen: Du brauchst genug Schlaf! Schlaf ist dafür da, dass dein Körper sich erholen und zurücksetzen kann. Im Laufe des Tages verbrauchst du ein Haufen Energie, die du durch Essen nie komplett reinkriegen kannst. Genau deswegen hat die Natur gesagt, ok, dann führen wir noch den Schlaf ein. Außerdem ist Schlaf ganz ganz wichtig, um Informationen zu verarbeiten. Wie bei "Eat that Frog" gesagt: Im Laufe eines Tages bekommst du unendlich viele Eindrücke, die alle deinen Kopf vollmüllen. Schlaf sorgt dafür, dass dein Kopf wieder aufgeräumt wird. Und das gibt dir die perfekte Chance, jeden Tag komplett neugestartet anzufangen - mit voller Energie und freiem Kopf. Es ist nie ein guter Tausch eine Nacht durchzumachen, damit du "produktiver" bist. Ohne genug Schlaf ist dein Kopf vollgemüllt und dir fehlt die Energie wirklich produktiv zu sein. Du arbeitest dann zwar mehr, aber diese Mehrarbeit ist zeitlich extrem dumm genutzt.

Sport & Fitness ist ein Thema, das in der heutigen Zeit gefühlt wichtiger ist als je zuvor. Aber das ist auch zurecht so! Vor hunderten von Jahren sah der Tagesablauf eines normalen Menschen noch komplett anders aus. Früher musste man ohne Autos kilometerweit laufen, es gab keine Bürojobs, fast alle haben mit ihrem Körper etwas gearbeitet und sich dadurch regelmäßig bewegt. Das gibt es heutzutage immer seltener. Wir selbst zum Beispiel. Wir stehen auf, könnten von da quasi direkt in die U-Bahn, von da direkt in den Bus, direkt an den Schreibtisch und wieder zurück ins Bett. Dann sind wir gesamt vielleicht 200 Meter gelaufen. Gesund kann das nicht sein. Der menschliche Körper ist dafür gemacht, dass er sich bewegt. Er muss sich bewegen, damit noch alles gut weiterlaufen kann. Damit Sauerstoff in jede Ecke kommt, deine Lunge gut weiterarbeiten kann und vor allem dein Herz gesund bleibt. Wenn Sport & Fitness nicht wichtig wäre, dann wären wir ein scheiß Gehirnklumpen in einem Kasten. Bist du ein Gehirnklumpen in einem Kasten? Nein? Dann mach Sport!

Ernährung ist der letzte wichtige Bestandteil für deine Gesundheit. Du kannst die Maschine so oft ruhen lassen wie du willst, auch so oft ölen wie du willst, wenn du am Ende aber Müll tankst, dann funktioniert das Ding trotzdem nicht richtig. Wenn dein Körper nicht die richtigen Nährstoffe bekommt die er braucht, dann kann er auch nicht richtig funktionieren. Alles sind klitzekleine Prozesse die in dir drin stattfinden, und wenn du produktiv arbeiten willst, dann musst du dafür sorgen, dass die Prozesse auch korrekt ablaufen. Und ganz ehrlich: Gesunde Ernährung ist nicht schwer, es wird nur ein zu großer Hype darum gemacht. Wir wetten alles darauf, dass du mit deinem jetzigen absoluten Grundlagenwissen schon in der Lage bist, dich gesund zu ernähren. Du weißt was "gesund" und "ungesund" ist, und du wirst es auch merken, wie dein Körper reagiert. Mach also kein Hexenwerk draus und stopf dich nicht nur mit Müll zu.

Das ist echt ganz wichtig! Es ist kein Scheiß was wir hier euch erzählen. Es kamen keine Eltern oder Politiker zu uns die gesagt haben, wir müssen unbedingt auch ein Kapitel zu "Gesundheit" in unser Buch rein bringen wie es oft mit "Ernähr' dich gesund!"-Tagen an Schulen probiert wird. Niemand zwingt uns hier einen Moralapostel zu spielen. Es ist wie gesagt ganz einfach: Wenn du erfolgreich sein willst, dann musst du Topleistung bringen, und dafür muss dein scheiß Körper auch vorbereitet sein! Punkt. Fertig aus.

Wir wetten, dass jede Persönlichkeit, die seit mehreren Jahren oder Jahrzehnten Erfolg hat, einen Weg gefunden hat, wie er oder sie die 3 Bereiche aus dem Thema Gesundheit abdeckt. Sei es durch Krafttraining, Joggen, Yoga, Meditation, Vegane Ernährung oder "3 Einheiten Obst am Tag" und "nur Treppen, kein Aufzug".

Das ist das, was wichtig ist: Nicht jeder muss ein Bodybuilder sein, auch nicht jeder muss sich vegan ernähren . Es gibt hier nicht den einen richtigen Weg und alles andere ist falsch. Die Diskussion wollen wir nicht führen und finden wir auch ziemlich lächerlich. Wichtig ist, dass du für dich persönlich einen Weg findest, wie du deinen Körper fit & gesund hältst. Wie du das letztendlich machst ist egal. Finde einfach eine Lösung mit der du deine Maschine immer zu Topleistungen bringen kannst und diese Lösung sollte so sein, dass du die auch dein ganzes Leben durchhalten kannst. Es bringt also nichts, wenn du dich 2 Wochen gesund ernährst, dann aber keinen Bock mehr drauf hast, weil du viel zu streng warst.

Gesundheit ist in deinem Leben letztendlich das Allerwichtigste. Das haben unsere Großeltern schon früher immer gesagt und damit haben sie Recht. Wenn du nicht gesund bist, dann ist alles was wir in diesem Buch erklären komplett für den Arsch.

Eine Story, die wir an der Stelle mit dir teilen wollen. Als wir beide 2014 zum ersten Mal in unserem Leben in der USA waren, waren wir krass überrascht wie viel von den klassischen Vorurteilen erfüllt wird. Nichts gegen Amis oder so, aber es gab echt ein paar Sachen, die uns ziemlich schockiert haben. Zum Beispiel waren wir einen Tag in den Universal Studios (war übel geil, können wir nur empfehlen). Dort gab es einen extra Stand wo man solche Elektromobile für alte Menschen leihen konnte. Die kleinen Scooter auf dem die alten Leute immer durch die Gegend heizen :D

Alles schön und gut. Das Problem: Die Scooter wurden nicht nur von den alten Leuten benutzt, sie wurden zum Großteil von den fetten benutzt!!!

Klar, es gibt Leute die sind krank, die haben gesundheitliche Probleme und brauchen deswegen sowas unbedingt. Aber als wir das gesehen haben war für uns klar: Wir wollen niemals (niemals!) in eine Situation kommen, in der wir so ein Ding brauchen, weil wir zu fett sind um uns selbst zu bewegen.

Macht euch das immer bewusst!

Gesundheit ist die Grundlage um eure Ziele zu erreichen.

Wenn ihr das nicht gewährleistet, dann ist alles andere was ihr macht für den Arsch.

Konkret bei uns:

Wahrscheinlich stellst du dir jetzt die Frage: Wie machen wir das Ganze?

Zum Thema Schlaf ist die Sache ziemlich einfach bei uns: Wir haben uns klar als Ziel gesetzt, dass wir jede Nacht mindestens 8 Stunden schlafen. Fertig aus. Das heißt konkret: Normalerweise stehen wir um 5 Uhr morgens auf, also sind wir spätestens um 21 Uhr Abends im Bett. Schlaf und Erholung sind für uns immer eine höhere Priorität als “Arbeiten”. Wenn wir an einem Abend mal mit Freunden unterwegs waren oder noch Termine hatten, und deswegen nicht um ca. 21 Uhr im Bett waren, dann stehen wir auch nicht um 5 Uhr morgens auf. Wenn wir später heimkommen, dann wird auch der Wecker verstellt, sodass wir am Ende wieder auf 8 Stunden Schlaf kommen.

Erholung & Schlaf ist also für uns auch wichtiger als “viel Arbeiten”, weil “viel Arbeiten” nur funktioniert, wenn auch unser Körper dazu in der Lage ist. Was bringt es uns, wenn wir uns um 5 aus dem Bett quälen um zu arbeiten, dann aber nicht mal ansatzweise normal produktiv sind, weil wir ständig fast wieder am einpennen sind? :D

Neben dem Schlaf versuchen wir auch regelmäßig einen Ausgleich zu der ganzen Arbeit zu finden. Wenn wir mal Zuhause sind und unsere Familie besuchen, oder wenn wir Zeit mit unseren Freundinnen verbringen, dann fokussieren wir uns voll darauf. Das sorgt dafür, dass wir so wieder gut den Kopf frei bekommen können, sodass wir wieder mehr Energie für die Arbeit haben.

Zum Thema Sport und Fitness ist es bei uns auch wieder relativ einfach. Wir versuchen jeden Tag Sport zu machen, hauptsächlich gehen wir dazu in ein Fitnessstudio und machen Krafttraining. Krafttraining hat für uns mehrere Vorteile: Es ist wieder ein perfekte Möglichkeit den Kopf freizubekommen, wir tun unserer Gesundheit was gutes und der positive Nebeneffekt: Man sieht danach auch besser aus :D

Aber auch für die Motivation & Willenskraft ist Krafttraining perfekt für uns. Beim Krafttraining können wir regelmäßig an unsere körperliche Grenzen gehen und schaffen es so auch unsere mentale Kraft zu steigern!

Der letzte Aspekt Ernährung ist nicht einfach zusammenzufassen. Erstmal kennen wir uns in der Thematik aus, das ist wichtig um zu verstehen was unser Körper braucht und was unserem Körper vielleicht schadet. Letztendlich setzen wir aber keinen bestimmten “Stil” um. Wir sind also nicht Veganer oder Vegetarier, noch kann man uns einer anderen “Kategorie” zuordnen. Die Kategorie wäre wahrscheinlich “Normal, aber gesund” :D

Wir versuchen also so oft es geht gesunde Ernährung in unserem Alltag einfließen zu lassen. Regelmäßig Obst und Gemüse und immer möglichst ausgewogen. Klar essen wir auch oft Pizza, Eis (#Ben&Jerrys) oder richtig geile Burger. Warum? Weil wir Bock drauf haben! Wir haben oben gesagt, dass es wichtig ist einen “Stil” zu finden, mit dem man langfristig auch leben kann. Und da gehört es bei uns auch dazu, immer mal wieder zu cheaten, auf Burger, Eis oder Pizza wollen wir nämlich niemals verzichten müssen. Letztendlich ist es hier wichtig, dass wir WISSEN, welchen Einfluss welche Ernährung auf unseren Körper hat. Sich einseitig nur von Pizza zu ernähren ist scheiße ungesund, und genau deswegen werden wir das auch nicht tun. Hier hören wir auf die Signale unseres Körpers und haben ein Gefühl dafür entwickelt, was uns in welcher Menge gut tut und was nicht.

Genau das musst du auch machen! Setz dich mit den 3 Aspekten auseinander und entwickle einen Stil, mit dem du gut leben kannst! Auf gehts :-)

In dem Zusammenhang: Falls du ein gesundes Brot mal selbst backen willst, check unbedingt das Video von unserem Kumpel Joe Trenk ab. Er hat ein eigenes Brot entwickelt mit allen Nährstoffen die wir Menschen brauchen:

http://keinlimit.coach/trenkbread/

Skills aneignen

Ein Satz, den wir sehr oft hören, und der uns an der Intelligenz der Menschheit zweifeln lässt ist: “Aber ich kann das einfach nicht!”

Ja dann lern es doch! :D

Oft denken Leute, dass sie mit einer Fähigkeit geboren werden müssen oder ein besonderes Talent von Geburt an brauchen, um im Leben erfolgreich zu sein. Und die Steigerung davon: Wenn jemand anderes erfolgreich ist, denken sie, dass die anderen damit auf die Welt gekommen sind.

Dazu können wir nur eins sagen:

SIND SIE NICHT!

Wenn du ein Ziel hast und feststellst, dass du gerade noch nicht die Fähigkeiten besitzt dieses Ziel zu erreichen, dann eigne dir diese scheiß Fähigkeiten einfach an! Das ist gerade in der heutigen Zeit so unfassbar leicht und günstig! Es gibt so unglaublich viel kostenlos!

Allein dieses Buch ist verdammt günstig im Verhältnis dazu, wie viel Wissen von wie vielen krassen Leuten hier drin steckt! Vor 5 Jahren hätten wir dieses Buch noch für 400 - 600€ verkaufen müssen, weil das Wissen einfach so krass wertvoll ist!

Aber inzwischen bekommst du einfach alles im Internet und kannst dir Dinge in kürzester Zeit aneignen. Und das ist gut so!

Nutze also die Möglichkeiten und denk dran:

Wenn du ab jetzt jemals den Satz “Ich kann das aber nicht” sagst, kommen wir persönlich bei dir Zuhause vorbei und hauen dir auf die Schnauze! :D

Die Ausrede zählt nicht mehr!

Wie gehst du das aber konkret an?

Ganz einfach: Du hast dir deine Ziele gesetzt, weißt also wo du hin willst. Außerdem weißt du, wo du jetzt stehst. Und daraus ergeben sich schon die Fähigkeiten, die du beherrschen musst, um dein Ziel zu erreichen.

Musst du z.B. für dein Ziel selbstbewusster werden? Kannst du lernen!

Musst du strukturierter denken können? Kannst du lernen!

Es gibt inzwischen NICHTS mehr, was man nicht lernen kann.

Clever sein? Lernbar.

Kreativ sein? Lernbar.

Mit Design-Apps umgehen? Lernbar.

Ein Bier auf Ex trinken? Lernbar.

3 Drecksäue auf ner Latte zu balancieren, während du mit einem Fuß auf einer Rolle stehst und der andere dir gerade eingegipst wird? Lernbar. :D

Die Richtung in die sich unsere Welt bewegt ist nämlich folgende: Lebenslanges Lernen.

Die Zeiten, in denen man studiert hat und nach dem Diplom / Master oder whatever fertig gelernt hat sind vorbei. Die Welt wird so unfassbar komplex, dass wir Menschen uns ständig weiterentwickeln müssen, um hier mithalten zu können.

Vor ein paar Jahren wäre das noch eine schlechte Info gewesen. Heute ist das aber kein Ding, weil es so unfassbar viele Möglichkeiten gibt, neue Dinge zu lernen:

Google:

Ja das gibts! Lerne wie man richtig googelt und du wirst endlich finden, wonach du suchst :D

YouTube:

Gigantische Massen an Wissen warten auf YouTube darauf entdeckt zu werden. Zu jeder Frage hat sich inzwischen irgendein Hanswurst bereit erklärt ein Video zu produzieren. Sogar zu so krankem Scheiß wie Mathe :D

Blog-Artikel:

Es gibt so viele Menschen, die ihr Leben dokumentieren, und von denen man lernen kann! Diese Menschen haben ganz häufig einen Blog auf dem sie ihre Erfahrungen dokumentieren. Lies einfach den Blog und du wirst nicht die gleichen Fehler machen wie sie, sondern dir Fähigkeiten aneignen ohne den scheiß Trial-and-Error-Prozess.

E-Books:

Auch hier gibt es enorm viele Informationen im Internet. Du hast nämlich das Glück in Zeiten des "Content-Marketings" zu leben. Das bedeutet, dass dir Firmen ihre Produkte verkaufen wollen, indem sie dir z.B. erst ein kostenloses E-Book zur Verfügung stellen, mit dem du dir die Grundlagen aneignen kannst. Da die Firmen dich aber unbedingt überzeugen wollen, packen sie in ihre kostenlosen E-Books schon so viel Information, dass allein das E-Book extrem viel Wert hat! Lerne also auch davon, die Informationen sind teilweise krass!

Bücher:

Du liest gerade eins. Also brauchen wir dir den Vorteil nicht groß zu erklären :D Bücher sind unglaublich wertvoll. Aber nur, wenn du dir die richtigen Bücher aussuchst. Hier musst du nämlich zwischen Unterhaltungsbüchern und wertvollen Büchern, die dir zusätzliches Wissen bieten(wie dieses hier), unterscheiden.

Wir beide haben z.B. in den letzten Jahren unglaublich viele Bücher zu Themen wie Persönlichkeitsentwicklung, Zielsetzung, Motivation, Marketing, etc. gelesen und haben dadurch ein großes Wissen im Kopf, worauf wir einfach zurückgreifen können.

Sieh Bücher also nicht als Pflicht, sondern als Abkürzung, da sie dir Dinge erklären können, auf die du vielleicht niemals selbst kommen würdest.

Podcasts:

Besonders cool sind Podcasts, z.B. von Gary Vee oder Lewis Howes. Auch beides extrem erfolgreiche Typen in allen Lebensbereichen, die sich das Ziel gesetzt haben einen Mehrwert zu bieten. Lewis Howes lädt z.B. regelmäßig krasse Leute zu sich ein und führt mit ihnen 60 Minuten lang ein unglaublich interessantes Interview, was einen gleichzeitig motiviert. Mehr zu den verschiedenen Quellen, aus denen du lernen kannst, findest du am Ende des Buchs :-)

Wichtiger Hinweis: *Passend zum KEIN LIMIT Buch haben wir ebenfalls einen gleichnamigen Podcast gestartet. Jeden Montag um 5 Uhr morgens laden wir eine neue Folge hoch und sprechen da genau über die Themen hier vom Buch. Falls du den Podcast noch nicht kennst, schau jetzt unbedingt mal vorbei. Der ist die perfekte Möglichkeit dein Wissen aus diesem Buch weiter zu vertiefen und zu verfestigen.*

Klicke einfach auf http://keinlimit.coach/podcast.

Konkret bei uns:

Wir haben uns angewöhnt, in jeder freien Minute Hörbücher über Audible anzuhören. Und zwar eben keine Romane oder ähnliches, sondern Bücher, aus denen wir lernen können. Unsere Empfehlungen dazu findest du auch hier am Ende des Buchs.

Wenn wir etwas nicht können, dann bringen wir es uns bei. Fertig :D

Und damit ihr das nicht falsch versteht:

Es gab schon einige Dinge, die wir auf Anhieb nicht konnten und die wir uns mit einiger Mühe angeeignet haben. Wenn dann Leute kommen und sagen "Krass, dass ihr das EINFACH SO könnt" oder "Schön, aber ihr habt einfach DAS TALENT dazu", dann gibt's von uns immer Links-Rechts-Slap :D

Netzwerk und Vitamin B

"Netzwerken" - Das ist nicht so das Standard-Ding, das hier in den Bereich "Wie erreiche ich Ziele?" herein passt. Aber andererseits ist es eigentlich eins der wertvollsten Tools um deine Ziele zu erreichen.

Das richtige Netzwerk ist verdammt wertvoll!

Zu unserer Schulzeit war es so, dass wir den Begriff "Netzwerk" nicht so wirklich in dem Zusammenhang kannten. Dein Netzwerk sind vereinfacht gesagt alle Leute die du irgendwie kennst oder mit denen du vielleicht sogar befreundet bist. Quasi alle deine Kontakte, die du jetzt anrufen oder anschreiben könntest, wenn du etwas brauchst.

Dein Netzwerk sind also nicht nur deine 3 besten Freunde vom Saufen, dein Netzwerk kann auch dein Onkel sein, der Chef eines großen Unternehmens ist, oder dein ehemaliger Betreuer bei deinem Schülerpraktikum mit dem du ab und zu noch Kontakt hast. Damit kann - und das macht die Sache so wertvoll - dein Netzwerk theoretisch unendlich groß sein.

Warum ist ein Netzwerk jetzt so unglaublich wertvoll?

Ganz einfach: Vielleicht hast du in deinem Leben schon oft die Situation gehabt, dass jemand etwas erreicht hat oder geschafft hat, "nur weil er jemanden kennt". Zum Beispiel:

"Oh, der wurde doch nur Teil des Fußball-Teams, weil er den Trainer so gut kennt."

"Oh, die hat doch nur die Stelle bekommen, weil ihr Onkel da arbeitet."

"Oh, der ist doch nur gut in mündlich, weil die Lehrerin ihn mag."

Wir selbst haben früher auch solche Sätze gesagt. Netzwerk sei doch voll unfair. “Nur” weil jemand jemanden kennt, kann er etwas schaffen.

Falls du auch diese Sichtweise hast, gewöhn sie dir jetzt sofort ab. Ohne Scheiß, die Sichtweise ist dumm! Immerhin ist es ja in DEINEM fucking Einflussbereich, welche Leute du kennst. Du könntest dich ja auch mit dem Trainer anfreunden. Du könntest dich ja genauso bei der Lehrerin einschleimen. Ok, vielleicht könntest du nicht plötzlich Neffe oder Neffin werden, aber du könntest dich trotzdem bei dem Unternehmen einschleimen. Es liegt in deinem Einflussbereich! Netzwerken ist also nicht “unfair”!

Ein Netzwerk ist so wertvoll, weil es dir Türen öffnet. Es öffnet dir Türen und sorgt für Abkürzungen. Klar, du könntest dich hochtrainieren und es nach Jahren harter Arbeit auch ins Team schaffen, aber wenn dich der Trainer mag und so rein holt, why fucking not?

Wenn du ein großes Netzwerk hast, wirst du in Zukunft jedes Problem schnell lösen können. Du musst einfach nur die richtigen Leute kennen, dann hast du für jedes Problem eine Person, die dir weiterhelfen kann. Das macht das Netzwerk so wertvoll!

Deswegen unser Tipp: Wenn du deine Ziele schnell und einfach erreichen willst, dann wirst du ein Netzwerk brauchen! Da gibt es keine Diskussion. Ohne Netzwerk, wirst du richtig Probleme haben!

Wie baust du dir das richtige Netzwerk auf?

Auch wieder einfach: Sei offen! Geh auf Leute zu! Sprich Leute an! Zeige dich! Wenn du den ganzen Tag allein in deiner Bude sitzt und niemanden auf dich aufmerksam machst, ist es klar, dass du kein Netzwerk bekommen wirst. Und es gibt tausend Möglichkeiten wie du auf dich aufmerksam machen kannst! Wenn du extrem schüchtern bist, kannst du auch erstmal übers Internet anfangen. Kontakte schließen ist einfacher als nie zuvor. Nutze das aus!

Wichtig dabei ist: Du kannst dein Netzwerk nur aufbauen, indem du anderen einen Mehrwert bietest. Auf keinen Fall darfst du einfach irgendwelche random Leute anschreiben und irgendwas verlangen! Bevor du was verlangen kannst, musst du was geben. Und dann am besten viel mehr, als du dann verlangst. Und am besten verlangst du nicht, sondern bekommst, weil du schon so viel gegeben hast.

Konkret: Wenn du also jemanden kennenlernst, sei es auf einer Veranstaltung oder online in einem Chat, weil du ihn angeschrieben hast, dann gehe mit folgender Einstellung auf ihn zu: “Hey, mega cool dich kennenzulernen. Wie kann ich dich bei deiner Sache unterstützen.”. Oder Alternativ: “Hey, mega cool dich kennenzulernen. Finde dein Konzept mega stark, ich mach xy, lass uns doch mal sprechen ob sich da Synergien ergeben, ich glaub wir können BEIDE davon profitieren.”

Du musst IMMER dem anderen einen Mehrwert geben. Am besten einen viel größeren als er oder sie dir geben kann. Nur dann kannst du später etwas zurück “verlangen”. Denke an Kapitel 1: Think Win-Win!

Konkret bei uns:

Wie schon beschrieben: Als Schüler wussten wir überhaupt nicht wirklich was ein Netzwerk ist. Später, als wir dann mehr darüber wussten und alle immer gesagt haben “Hey, ein Netzwerk ist krank wichtig!”, haben wir das immer noch total unterschätzt. Wir dachten am Anfang echt, ja klar, ist wichtig, aber so wichtig nun auch wieder nicht.

Wir waren dumm.

Also wir sagen es dir - und da du bis hierhin gelesen hast gibst du hoffentlich wenigstens einen kleinen Tick auf unsere Meinung:

EIN NETZWERK IST FUCKING WICHTIG!!!

Je früher du anfängst dir ein Netzwerk aufzubauen, desto besser wird es für dich sein.

Wie war es also konkret bei uns?

Ganz am Anfang mussten wir unser Netzwerk proaktiv aufbauen. Als 11. Klässler hatten wir ja quasi Kontakt zu niemandem. Unsere ersten Schritte waren dann, dass wir andere Leute angeschrieben haben. Zum Beispiel haben wir am Anfang andere YouTuber angeschrieben und vorgeschlagen, wir könnten doch etwas zusammen machen. Hier natürlich nicht irgendwelche riesigen YouTuber, die eine viel größere Reichweite haben! Wir haben ähnlich erfolgreiche Leute angeschrieben und konkret einen Mehrwert geboten. Zum Beispiel "Hey, wir könnten doch ein Video zusammen machen! Wir können dir dafür eine professionelle Animation bieten!". So haben wir erstmal gegeben, bevor wir verlangt haben!

Unser Netzwerk hat sich dann weiterentwickelt, indem wir immer, zu jeder einzelnen Person, extrem offen waren. Wir sind sehr oft auf vielen Veranstaltungen und bekommen auch sehr oft sehr viele Mails oder Kontaktanfragen. Und egal mit welcher Person wir zu tun haben, wir denken niemals, dass wir etwas Besseres sind. Das ist erstmal verdammt wichtig. Egal wie erfolgreich du bist, sei niemals abwertend gegenüber einer anderen Person. Halte dich nie für etwas Besseres! Sei immer - von Herzen - freundlich, offen und fair, das wird dir extrem helfen, dein Netzwerk nachhaltig aufzubauen.

So kommt man mit vielen Personen in Kontakt und wenn man mit vielen Personen in Kontakt kommt, dann hat man auch viel höhere mathematische Chancen, dass man davon wiederum mehr Personen trifft, die einem weiterhelfen können. So einfach ist das. Wie gesagt: Wenn du nur daheim rumhockst, dann wird auch niemand auf dich zukommen. Schreibe oder spreche Leute an!

Und genau das ist der zweite Punkt, wie wir unser Netzwerk weiter aufbauen konnten: Wir haben auf uns aufmerksam gemacht. Zum einen natürlich stark dadurch, dass wir mit TheSimpleClub Erfolg hatten. In dem Moment, wo ein Produkt von vielen Leuten genutzt wird, zieht es automatisch Aufmerksamkeit. Das ist eine perfekte Grundlage um ein Netzwerk aufzubauen. Auch haben wir sehr oft bei Veranstaltungen Talks gehalten oder bei Diskussionen teilgenommen - oft ohne Entgelt oder andere Gegenleistung. Auch das hat dann wieder dafür gesorgt, dass danach Leute auf uns zukamen.

Ein konkretes Beispiel: Wir wurden mal über eine gute Freundin gefragt, ob wir Interesse hätten eine junge Organisation zu unterstützen, die Jugendlichen unternehmerisches Denken und Handeln beibringen will, um mehr Unternehmer und Intrapreneure hervorzubringen. Die gute Freundin heißt Diana zur Löwen, die du vielleicht von YouTube kennst und die Organisation heißt StartUpTeens. Wir wussten zwar, das könnte uns neue Möglichkeiten und Kontakte geben, aber andererseits war die Sache an sich für uns mega cool. Wir stehen hinter dem Konzept, müssen zwar dafür bisschen Arbeit und Zeit investieren, aber unterstützen so eine gute Sache. Also hatten wir zugesagt.

Das Ergebnis: Durch die Hilfe bei diesem Projekt haben wir extrem viele neue Kontakte bekommen. Dadurch wurden wir zu richtig krassen Unternehmern vernetzt und haben damit sogar neue Freunde gefunden. Es war einfach eine riesige Opportunity die sich ergeben hat, indem wir unserer Intuition gefolgt sind und offen waren.

Inzwischen haben wir in den letzten Jahren echt ein riesiges Netzwerk aufgebaut. Es ist für uns oft selbst kaum zu fassen wie viele Leute wir inzwischen kennengelernt haben. Egal welches "Problem" auf uns zukommt, wir kennen jemanden der uns unterstützen kann. Ob Investoren, Programmierer, Vermarkter, Sponsoren, Partner, Juristen oder Steuerberater - wir wissen wen wir fragen können, wenn wir zu einem der Thematiken ein Problem haben. Und falls wir nicht direkt jemanden kennen, kennen wir immer jemanden, der jemanden kennt.

Der Wert, den wir durch unser aktuelles Netzwerk haben, lässt sich gar nicht in Zahlen ausdrücken. Und das wahrscheinlich deswegen, weil er unendlich hoch ist!

Wenn dir also wieder jemand sagt "Hey, ein Netzwerk ist richtig wichtig!", dann sei nicht so dumm wie wir, sondern glaube ihm und arbeite dran! Wir können dir versprechen, dass er Recht hat!

FAZIT

Erstmal: Respekt, dass du es bis hier geschafft hast!

Du hast jetzt einiges an Input bekommen und dein Kopf ist wahrscheinlich voll von Informationen, die noch nicht zu 100% eingeordnet werden können.

Das ist aber normal. Wir erwarten von dir nicht, dass du dieses Buch liest, und dann plötzlich die eine Erleuchtung hast und mit deinem Fingerschnips ändert sich dein komplettes Leben :D

Das wird nie passieren und das ist auch nicht möglich.

Sieh das ganze eher als einen Prozess.

Und bei diesem Prozess geht es darum, die Prinzipien anzuwenden, die wir dir in diesem Buch gezeigt haben.

Wir können gleich eine Sache versprechen: Es wird nicht einfach sein. Wir beide haben auch Tage, an denen wir nicht in perfekter Form sind. Aber wie gesagt, das ist normal und ist AUF KEINEN FALL ein Grund ganz aufzuhören.

Warum nicht?

Egal was in der Welt passiert, egal wie die "wahre Realität" aussieht, es zählt vor Allem das, was DU dir selbst sagst. DEINE Wahrnehmung der Welt ist das Entscheidende und beeinflusst all deine Taten. Im Guten aber auch im Schlechten. Je nachdem, wie deine Wahrnehmung aussieht.

Ganz am Anfang des Buchs haben wir davon gesprochen, dass es darum geht, die richtige Brille aufzusetzen. Wenn du die selbe Welt einmal mit einer Brille anschaust, die dich motiviert und unterstützt und sie einmal mit einer Brille ansiehst, die dich runterzieht, hat sich an der eigentlichen Welt nichts geändert.

Deswegen: Warum nicht gleich die Brille nutzen, die einen weiterbringt und hochpusht?

Es ist einfach so:

Niemand weiß, was die "Wahrheit" ist. Jeder der dir sagt, es gibt die EINE Weltanschauung, der hat einfach keine Ahnung von der Welt.

Letztendlich wird es immer daran liegen, wie DU die Welt und dein Leben siehst. Das macht den wahren Unterschied und das ist das, was in DEINEM FUCKING Einflussbereich ist!

Deswegen:

Wir sind uns absolut sicher -

Und wir wiederholen....

WIR.

SIND UNS ZU 100% ABSOLUT SICHER.

Dass du JEDES Ziel erreichen kannst, das du dir in den Kopf setzt!!!

Scheiß egal wie groß du denkst. Scheiß egal, wie verrückt sich das anhört. Scheiß egal, was andere sagen.

Wir haben inzwischen genug gesehen, um zu wissen, dass selbst der krankeste Scheiß möglich ist :D

ES GIBT KEINE GRENZEN!

Vergiss das niemals. Die einzigen Grenzen auf dieser Welt sind welche, die du dir selbst setzt!

Schau dich einfach mal um und überlege, wie krass manche Dinge in deiner Umgebung sind:

Das Internet, ein Hochhaus, selbst der fucking Berliner Hauptbahnhof!

Wie zur Hölle haben Menschen sowas selbst bauen können?

Und doch haben sie es geschafft.

Oder ein anderes Beispiel:

Haben Mark Zuckerberg und du die selben 24 Stunden? Ja.

Warum hast du dann nicht Facebook erfunden?

Mark Zuckerberg ist kein Gott, er ist kein Alien. Er ist ein ganz normaler Mensch, genau wie du und wir, der eine Vision hatte und einfach drauf geschissen hat, was alle anderen sagen! Er hatte nicht nur die Idee. Er hat es durchgezogen.

Man kann alles erreichen, was man sich in den Kopf setzt.

Aber wie?

Erfolgreiche Menschen denken in bestimmten Prinzipien. Und diese Prinzipien findet man bei ALLEN erfolgreichen Menschen. Es sind bestimmte Denkweisen, die sie sich angeeignet haben, um alle ihre Ziele zu erreichen.

Es ist noch nicht so lange her, da konnten Menschen einfach noch nicht fliegen.

Viele haben es versucht, viele sind gescheitert.

JEDER hat dann die Schlussfolgerung gezogen, dass Fliegen für den Menschen einfach unmöglich ist. Oder sogar die Ausrede erfunden "Vielleicht ist es gut so, dass wir keinen Weg gefunden haben, Menschen zum Fliegen zu bringen."

BULLSHIT!

Das einzige was das zeigt ist, dass man noch nicht den richtigen Weg gefunden hat und NICHT, dass das einen spirituellen Grund hat, dass man gescheitert ist.

Und weil ein paar Visionäre drauf geschissen haben, was andere sagen, können wir heutzutage für das nächste Wochenende einen Flug von Berlin nach Mallorca für 20 FUCKING EURO buchen! :D

Was wir dir damit also sagen wollen:

Es gibt keine Grenzen. Es gibt keinen Grund, warum du deine Ziele nicht erreichen solltest. Es gibt keine Ausreden. Und außerdem gibt es niemanden, der sich für deine scheiß Ausreden interessiert!

Mach es einfach!

Setz dir Ziele, UNABHÄNGIG davon, was alle anderen sagen, sondern höre darauf, was DICH glücklich macht. Und das musst du komplett individuell für dich definieren. Hier geht es nicht darum "Geld ODER Glück" oder so einen Schwachsinn, sondern darum für dich zu definieren, was DIR wirklich wichtig ist.

Und wenn du dieses Ziel hast, dann WIRST du es erreichen, wenn du zu 100% daran glaubst und die Prinzipien verfolgst, die wir dir in diesem Buch zusammengefasst haben.

Wir glauben an dich.

Du bist der Hammer. Du bist einzigartig und du kannst alles erreichen was du willst.

Jetzt hock dich auf deinen Hintern, mach dir einen Plan und verfolge die Schritte aus diesem Buch und wir VERSPRECHEN dir, dass sich dein Leben ENORM verbessern wird.

Und wenn du irgendwann mal an einen Punkt kommst, wo du nicht weiter weißt und Motivation brauchst, dann schreib uns einfach an.

Deswegen: Folge uns jetzt direkt auf Instagram.

Einfach nach ***@nicoschork*** und ***@alexgiesecke*** suchen.

Ganz wichtig:

Überlege dir bitte kurz, ob dir jemand aus deinem Bekanntenkreis einfällt, dem dieses Buch auch helfen würde.

Wenn dir ein paar Personen eingefallen sind, dann schicke ihnen doch diesen Link und empfehle ihnen das Buch:

http://keinlimit.coach

Damit würdest Du uns enorm helfen! :-)

Wir sind ganz offen: Wir wollen das dieses Buch das „Standardwerk" für Jugendliche in Deutschland, Österreich und der Schweiz wird. Wie am Anfang gesagt: Mit 17 waren wir in der Schule und hatten nie irgendwas von diesen Prinzipien im Buch gehört. Wir halten aber genau diese Prinzipien für so unfassbar wichtig, dass wir sie unbedingt mit der Welt in einfachen Worten teilen wollen. Wenn dir das Buch also geholfen hat, dann empfiehl es unbedingt deinen Freunden und Bekannten weiter. Vielleicht hat ja auch jemand bald Geburtstag, da wäre KEIN LIMIT bestimmt ein perfektes Geschenk.

Wir danken dir schon mal für die Unterstützung :-)

Und jetzt blättere um für die finale Motivation.

DU:

BIST DER AUTOR

DEINES LEBENS.

NIEMAND:

HAT DIR ZU SAGEN

WAS DU ZU TUN HAST.

DAS MUSST GANZ ALLEIN DU WISSEN.

GENAUSO WIRD DIR NIEMAND:

DEIN TRAUMLEBEN SCHENKEN.

DESWEGEN:

DEIN GLÜCK

LIEGT IN DEINEN HÄNDEN.

JETZT:

HOCK DICH AUF DEINEN HINTERN

UND SETZ DIR DEINE ZIELE.

UND DANN:

ERREICHE SIE VERDAMMT NOCHMAL!!!

DEAL?

DEAL!

ANHANG

TOOLS, BÜCHER & VORBILDER

Unsere Tools: Grow

Audible

Audible ist ohne Witz eine unserer Lieblingsapps!

Vor einem Jahr haben wir noch versucht Bücher zu lesen, indem wir uns Schnelllesetechniken angewöhnt haben, die unsere Lesegeschwindigkeit erhöhen.

Das Problem: Du musst dabei das Buch in der Hand haben.

Audible ist deswegen so genial, weil du dadurch in jeder Sekunde, die du normalerweise "verschwenden" würdest das Buch weiter hören kannst.

Z.B. am Flughafen:

Während sich alle anderen darüber aufregen, dass sie 45 Minuten in der Schlange stehen müssen, hauen wir uns die Kopfhörer ins Ohr und haben in der Zeit extrem viel Wissen dazu gewonnen.

Oder auf dem Weg zur Arbeit / Schule / Uni:

In der Zeit, in der man rumläuft und nichts zu tun hat, hört man auch einfach sein Hörbuch weiter. So nutzt du einfach jede freie Sekunde.

Ein Profi-Tipp:

Höre das Hörbuch auf doppelter Geschwindigkeit. Sprecher sind meistens so unglaublich langsam, wenn sie Hörbücher sprechen, dass du ein Buch locker auf doppelter Geschwindigkeit hören kannst.

So verkürzt du ein Buch, das normalerweise 10 Stunden dauern würde locker auf 5 Stunden.

Wir beide hören so durchschnittlich 2 Bücher pro Woche und müssen uns dafür noch nicht einmal extra Zeit nehmen!

Die Mini-Wartezeiten oder Wege zur Arbeit summieren sich und du bist in Nullkommanichts mit einem Buch durch.

Außerdem wichtig:

Mit "Bücher" meinen wir natürlich keine Romane oder andere Unterhaltungsliteratur.

Wir meinen damit Bücher zu Themen wie "Persönlichkeitsentwicklung", "Motivation", "Zielsetzung", etc.

Das sind Bücher, die dein Hirn komplett umordnen und dir eine Denkweise antrainieren, die dich extrem weiterbringt!

Wenn du dir Audible holen willst, dann klicke einfach auf diesen Link:

http://keinlimit.coach/audible

Headspace

Im Kapitel "Schlaf, Fitness & Gesundheit" haben wir darüber gesprochen, wie wichtig die Gesundheit für deinen Erfolg und dein Lebensglück ist. Wichtig ist, dass du dabei auch immer deine "mentale Gesundheit" im Fokus behältst.

Headspace ist unserer Meinung nach die beste Meditations-App der Welt!

Meditation?!

Ja genau. Meditation hat sich für uns als Teenager auch wie Humbug oder Hokuspokus angehört. Aber wir können dir versprechen: Beschäftige dich mit Meditation und du wirst schnell die vielen Vorteile erkennen!

Headspace ist da die perfekte App. Du kannst am Anfang ein kostenloses 10 Tage Programm machen. Jeden Tag musst du dann nur 10 Minuten investieren und wirst perfekt an die Hand genommen. Die App ist mega spielerisch aufgebaut und hat auch immer wieder animierte Erklärvideos dabei. Damit kann man echt nichts falsch machen.

Also definitiv: Headspace unsere absolute Empfehlung!!!

http://keinlimit.coach/headspace

Blinkist

Blinkist ist eine App, die Bücher in kurzen Abschnitten zusammenfasst, sodass du einfach nur die Kurzzusammenfassung lesen kannst.

So bekommst du die Kerngedanken der meisten Bücher perfekt mit.

Wir benutzen die App, wenn uns jemand ein Buch empfiehlt und wir nur wissen wollen, was der Inhalt ist, um einschätzen zu können, ob wir uns das Buch kaufen sollen (z.B. als Hörbuch).

Die Kombination Blinkist + Audible ist für uns perfekt.

Hier ein Link, durch den du direkt zu Blinkist kommst:

http://keinlimit.coach/blinkist

Unsere Tools: Organisation & Business

Kalender

Ohne Kalender geht bei uns gar nichts.

Wir planen wirklich ALLES, was uns irgendwie Zeit raubt. Sogar Essen :D

Vor ungefähr einem Jahr hatten wir eine Zeit, in der wir tatsächlich ziemlich überfordert waren. Wir hatten einfach das Gefühl zu wenig Zeit zu haben.

Nachdem wir einige Bücher zu dem Thema gelesen hatten, kamen wir dann auf ein System, das wir bis heute immer weiter verbessert haben: Wir teilen unseren Tag in feste Blöcke!

Im Prinzip sieht das herunter gebrochen auf einen Tag so aus:

- 5:00 - 5:30 Miracle Morning (Meditation, Tagesplanung, usw.)
- 5:30 - 6:30 Frog essen: Die wichtigste Aufgabe zuerst!
- 6:30 - 8:30 Pumping Iron: Fitness
- 8:30 - 9:00 Frühstück
- 9:00 - 13:00: Maker Time: Konzentriertes Arbeiten ohne Ablenkung
- 13:00 - 13:30 Mittagessen: Whoop :D
- 13:30 - 17:30 Work Time: Hier wird der ganze Kram erledigt. Also Meetings, Calls, Konzepte ausarbeiten, etc.)

- 17:30 - 18:00 Mailtime: Alle Mails gebündelt abarbeiten
- 18:00 - 21:00 Flexible Abendplanung

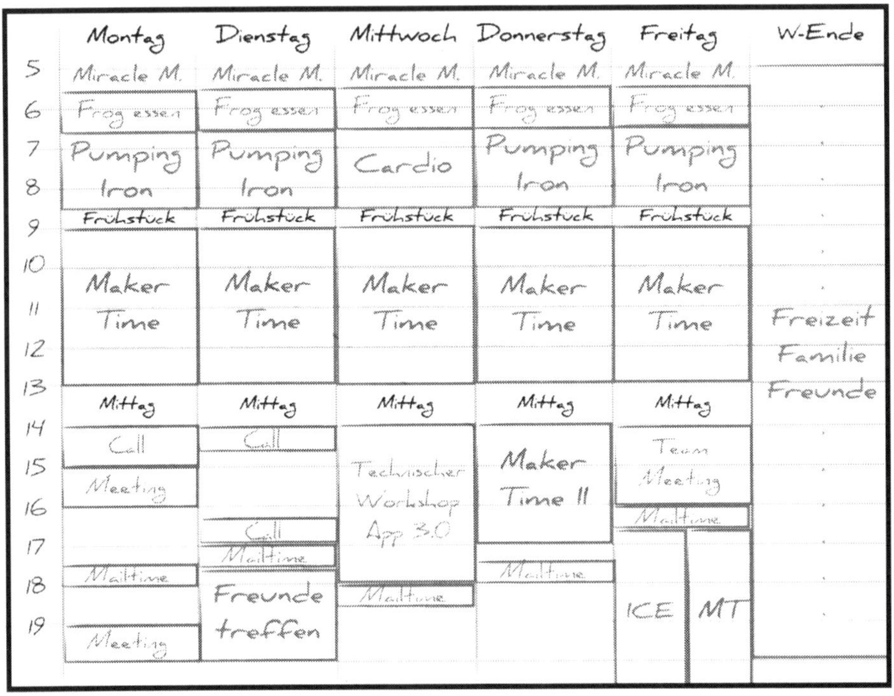

Du merkst, der Tag ist sehr stark strukturiert. Wenn du genau hinschaust, dann siehst du auch, dass wir extrem auf Fokus geachtet haben und in jedem Zeitblock nur EINE Sache machen.

Im Kalender haben wir die einzelnen Blöcke als Blocker eingesetzt. Immer wenn ein Block vorbei ist, löschen wir ihn aus dem Kalender. Das Ziel ist, dass am Ende des Tages der Kalendertag “leer” ist. Und du kennst das Gefühl: Wenn man etwas durchstreichen oder löschen kann, macht das übel Bock :D

Wie du bei der typischen Woche vielleicht schon gemerkt hast:

Natürlich sieht nicht jeder Tag bei uns gleich aus. Wenn wir abends mal etwas vor haben, dann verschiebt sich gerne auch mal der “Feierabend” nach vorne, oder wenn wir mittags länger an etwas gearbeitet hatten nach hinten.

Oft sind wir auch unterwegs und können uns fast gar nicht an den Plan halten. Aber das macht nichts, solange wir den Tag dann trotzdem vorher planen.

Auch - und das ist das schöne an unserem Job - können wir selbst entscheiden wann wir unser Wochenende haben. Niemand gibt uns vor wann wir zum Beispiel unsere Familie oder unsere Freundinnen besuchen. Oft sind wir auch mal "unter der Woche" weg und arbeiten dafür am Wochenende. Einen wirklichen Unterschied gibt es da für uns nicht. Das ist für uns absolute Freiheit.

Probiere das strukturierte System mal aus und überlege dir, was die Dinge sind, die du am Tag WIRKLICH tun musst. Dann fasst du sie in einzelne Blöcke und konzentrierst dich innerhalb des jeweiligen Blocks NUR auf diese Sache.

Du wirst merken, wie viel produktiver du bist und wie viel mehr Zeit du hast, beziehungsweise nutzen kannst.

Trello

Trello ist der absolute Wahnsinn!

Außerdem ist es kostenlos, solange du nicht komplett mit den Features ausrasten willst :D

Was ist Trello?

Trello ist ein Projektmanagement Tool. Du kannst es dir vorstellen wie eine große Wand voller Post-Its. Du kannst die Post-Its beliebig anordnen und auf die "Rückseite" der Post-Its alles mögliche Schreiben, Dateien anhängen, Todo-Listen erstellen, andere Leute verlinken, etc.

Es hat bei TheSimpleClub unseren kompletten Workflow revolutioniert und ist aus unserem Leben nicht mehr wegzudenken.

Da es etwas schwer ist, Trello zu erklären ohne es selbst zu probieren, schlagen wir vor, dass du einfach mal auf diesen Link klickst und dich kostenlos anmeldest:

http://keinlimit.coach/trello

Die haben auch sehr geile Tutorial-Videos erstellt, mit denen du Trello sofort verstehst.

Das Geile ist, dass du es für alles mögliche nutzen kannst, z.B. auch zum Lernen!

Probier's einfach mal aus!

Slack

Slack ist wie Trello eine App die inzwischen von vielen Unternehmen genutzt wird. Wir benutzen sie bei TheSimpleClub auch seit ungefähr einem Jahr und können uns das Leben ohne Slack nicht mehr vorstellen.

Was ist Slack?

Slack ist ein Kommunikationstool, das im Prinzip die Kombination aus Mail, WhatsApp und Facebook Gruppen ist.

Klingt eigentlich komplizierter als es ist :D

Du kannst in Slack einfach dein komplettes Team hinzufügen. Im nächsten Schritt kannst du dann Gruppen, Chatgruppen oder Privatchats erstellen. Du kannst alle möglichen Dateien miteinander austauschen und so über große Entfernungen hinweg genauso effektiv kommunizieren, wie als wäre man im gleichen Büro.

Das TheSimpleClub-Team besteht inzwischen aus knapp 30 Leuten, die komplett in Deutschland verteilt wohnen. Durch Slack ist die Entfernung aber komplett egal und wir fühlen uns beim Arbeiten, als wären wir im gleichen Büro.

Genau so kannst du Slack auch für Lerngruppen benutzen oder für eigene Projekte. Außerdem ist es auch kostenlos!

Wenn du Slack mal ausprobieren möchtest, melde dich einfach unter diesem Link kostenlos an:

http://keinlimit.coach/slack

Google Drive

Und jetzt kommen wir noch zu zwei Google Apps, die wirklich revolutionär sind:

Die erste ist Google Drive.

Google Drive ist wie die bessere Dropbox (falls dir das mehr sagt).

Du hast einfach praktisch unendlich Speicherplatz und kannst beliebig viele Dateien online speichern.

Unsere kompletten Firmendateien sind in Google Drive und sind so von jedem Teammitglied jederzeit abrufbar, egal ob derjenige von Berlin, den USA, dem Himalaya oder dem Mars aus arbeitet :D

Außerdem ist Google Drive auch kostenlos!

Unter dem Link kannst du dich wieder anmelden:

http://keinlimit.coach/googledrive

Google Docs

Die zweite Google App, die wir vorstellen wollen ist Google Docs.

Im Prinzip ist das wie Microsoft Word, nur mit dem Unterschied, dass das Dokument komplett online ist.

Hört sich erstmal lame an, aber im zweiten Schritt bringt das enorm viel:

Du kannst mit Google Docs zusammen mit anderen ZEITGLEICH ein und dasselbe Dokument bearbeiten. Ohne Speichern, ohne Fehler bei der Synchronisierung.

Wenn einer unten im Dokument etwas schreibt, kann der andere oben etwas schreiben und du siehst live, was derjenige schreibt.

Funfact:

Dieses Buch, das du gerade liest wurde auch in Google Docs erstellt. Wir beide haben also gleichzeitig an diesem Buch geschrieben. :D

Abchecken:

http://keinlimit.coach/googledocs

OneNote

OneNote ist eine App, die wir durch unsere Kooperation mit Microsoft erst richtig kennengelernt haben.

Es ist ein digitales Notizbuch mit unendlich Seiten. Du kannst die Notizbücher perfekt strukturieren und alle möglichen Dateien einfügen. Du kannst sogar zeichnen oder was ganz krass ist: Du kannst etwas mit deinem Handy abfotografieren, und OneNote erkennt automatisch den Text auf dem Bild. So kannst du dann im nächsten Schritt sogar nach Texten suchen, die in einem Bild zu sehen sind!

Inzwischen organisieren wir alle unsere Konzepte komplett über OneNote.

Auch zum Lernen für die Uni benutzen wir OneNote und können dir das echt nur empfehlen!

Wenn du OneNote probieren willst, dann klicke einfach auf diesen Link:

http://keinlimit.coach/onenote

Bücher, die wir gelesen haben (und empfehlen)

7 Habits of highly effective people

Dieses Buch ist für uns inzwischen die Bibel schlechthin. Es ist zwar ein sehr langes Buch, allerdings wird sich deine Denkweise dadurch grundlegend verändern.

Der Autor Stephen Covey hat jahrelang Zeit investiert, um die Prinzipien der erfolgreichsten Menschen der Welt zu analysieren und hat diese in seinem Buch zusammengefasst.

Wir müssen ehrlich sagen, das Buch hat unser Leben verändert. Und ab jetzt wollen wir es alle 5 Jahre lesen, weil es unheimlich wertvoll ist.

Hier ist der Direktlink zu dem Buch:

http://keinlimit.coach/7habits

Wie man Freunde gewinnt

Wir müssen zugeben: Der Titel des Buchs klingt ein wenig psychopathisch. Als würde man im Buch irgendwelche geheimnisvollen psychischen Tricks erfahren, wie man Menschen manipuliert und sich so „Freunde“ macht.

Das ist definitiv NICHT der Fall :D

„Wie man Freunde gewinnt“ zeigt dir die Grundregeln wie man richtig mit anderen Menschen umgeht. Dabei geht es im Buch wirklich überhaupt nicht um irgendwelche manipulativen Tricks. Das Buch ist total ehrlich und absolut menschlich geschrieben.

Unsere Meinung nach ist „Wie man Freunde gewinnt“ ein Buch, das jeder in der Schule lesen müsste. Letztendlich sind wir alle Menschen und letztendlich geht es immer darum, wie wir mit anderen Menschen richtig kommunizieren. Das Problem ist, dass es extrem viele „Stolperfallen“ gibt in die man in der täglichen Kommunikation tappen kann. Oft meint man etwas gar nicht böse, aber die falsche Ausdrucksweise führt dazu, dass der Gegenüber sich direkt angegriffen fühlt.

Genau diese ganzen Regeln erklärt „Wie man Freunde gewinnt“ super verständlich. Wir sind definitiv der Meinung, dass die Welt deutlich besser wäre, wenn jeder dieses Buch gelesen und verinnerlich hätte :-)

Absolute Empfehlung, wenn du es noch nicht gelesen hast jetzt sofort bestellen!

http://keinlimit.coach/wiemanfreundegewinnt

Rich Dad Poor Dad

Hast du das Gefühl über Finanzen Bescheid zu wissen? Hast du das Gefühl die Grundlagen zu kennen? Wird in deinem Umfeld über das Thema Geld offen gesprochen?

Nein? Nein? Nein?

Du musst definitiv „Rich Dad Poor Dad“ lesen!

Im Buch geht es um einen Jungen, der quasi mit 2 Vätern aufwächst: Seinem leiblichen Vater („poor dad“), der trotz seiner Arbeit beim Staat ständig Geldprobleme hat, und dem Vater seines Freundes, („rich dad“), der finanziell extrem erfolgreich ist.

Das Buch erzählt dabei was der Unterschied zwischen wohlhabenden und armen Menschen ist. Das krasse: Letztendlich ist alles eine Sache der Einstellung.

„Rich Dad Poor Dad“ ist wieder so ein Buch, das man unbedingt schon in der Schule lesen sollte. Wenn du finanziell erfolgreich werden willst, dann ist das definitiv deine erste Wahl. Mit diesem Buch lernst du alle Basics und kannst von dort aus so richtig loslegen.

Das Buch ist wahrscheinlich das beste Investment, das du jetzt machen kannst!

http://keinlimit.coach/richdadpoordad

Das Café am Rande der Welt

Das „Café am Rande der Welt" dreht sich komplett um die Frage nach dem Sinn des Lebens. Das Geile ist: Das Buch ist als Roman, also als Geschichte, geschrieben. Es geht um John, der als Werbemanager arbeiten, und in einem Café beim Lesen der Speisekarte mit der Frage „Warum bist du hier?" konfrontiert wird.

Das Buch regt dabei sehr zum Nachdenken an. Pausier jetzt selbst mal das Buch hier und stell dir die Frage:

„Warum bist du hier?"

Was ist dein Sinn des Lebens? Was ist dein Zweck der Existenz? Hast du Angst vor dem Tod? Und führst du ein erfülltes Leben?

Sich darüber Gedanken zu machen ist sehr wichtig.

Das Buch an sich ist relativ kurzweilig und es macht extrem Spaß es zu lesen. Falls du auf Hörbücher stehst können wir definitiv empfehlen das Buch als Hörbuch anzuhören.

Und wenn du nach dem „Café am Rande der Welt" noch nicht genug hast können wir definitiv noch „The Big 5 for Live" dazu empfehlen. Das ist quasi wie so eine Fortsetzung des ersten Buchs und beschäftigt sich nochmal intensiver mit dem „Zweck der Existenz" und den sogenannten „Big Fives", die 5 wichtigsten Ziele, die du in deinem Leben erreicht haben willst.

Lange Rede kurzer Sinn: Kauft euch definitiv das Buch! 100%ige Buchempfehlung von uns :-)

http://keinlimit.coach/cafeamrandederwelt

The ONE Thing

Dieses Buch ist auch eines der ersten wertvollen Bücher, die wir jemals gelesen haben.

Es geht im Prinzip darum, sich ständig zu fragen:

“Was ist die EINE Sache, die ich tun kann, sodass alle anderen Dinge entweder unnötig oder deutlich einfacher werden?”

Wir wollen hier nicht zu viel vorwegnehmen. Hol dir einfach das Buch und es wird auch deine Denkweise komplett verändern.

Hier findest Du das Buch:

http://keinlimit.coach/theonething

Unlimited Power

Der Autor Tony Robbins ist wohl einer der krassesten Typen der heutigen Zeit. Er ist Motivation pur und distanziert sich klar von den anderen "Gurus", die zwar Motivationstipps geben, aber selbst eigentlich keine Ahnung haben :D

Sein Buch "Unlimited Power" zeigt dir, wieviel du in deinem Leben eigentlich durch die richtigen Gedanken selbst beeinflussen kannst. Es ist echt absolut krank, welche Tipps er gibt. Wir müssen zugeben, dass wir davon vorher noch nie etwas gehört haben.

Auf jeden Fall auch eines der Bücher, die wir dir empfehlen!

Hier findest Du das Buch:

http://keinlimit.coach/unlimitedpower

4 Hour Workweek

Der Titel sagt eigentlich schon alles: Die 4-Stunden-Woche.

Wie schaffst du es nur 4 Stunden die Woche zu arbeiten und trotzdem komplett frei zu sein?

Über dieses Buch gibt es geteilte Meinungen, weil viele den Grundgedanken dahinter nicht verstehen. Es geht nicht darum nur 4 Stunden zu arbeiten und den Rest zu chillen. Es geht darum, wie du so unfassbar effektiv, effizient und produktiv arbeiten kannst, sodass theoretisch 4 Stunden pro Woche ausreichen würden.

Den Rest der Woche musst du nicht unbedingt chillen, aber wenn du arbeitest, dann tust du es, weil du es WILLST und nicht weil du es MUSST.

Alles in Allem also auch auf jeden Fall ein MUSS für jeden, der sich für das Thema Produktivität interessiert.

Nebenbei ist der Autor Tim Ferriss eine krasse Sau :D

Hier geht's direkt zum Buch:

http://keinlimit.coach/4hourworkweek

Tools of Titans

Tools of Titans ist ebenfalls von Tim Ferris - also dem Typ von 4-Hour-Workweek. Er hat mit seinem Podcast in den letzten Jahren extrem viele krasse Persönlichkeiten interviewt und diese Ergebnisse dann in dem einen Buch zusammengefasst.

Tools of Titans ist im Prinzip eine riesige Sammlung der ganzen Tools und Gewohnheiten aller krass erfolgreichen Persönlichkeiten. Lohnt sich auf jeden Fall sich das Buch anzuschauen! So kann man sich extrem viel abgucken und extrem viel lernen. Wie schon in dem Buch geschrieben: Du musst das Rad nicht neu erfinden!

Hier geht's direkt zum Buch:

http://keinlimit.coach/toolsoftitans

Eat that frog

Was ist die härteste und wichtigste Aufgabe des Tages?

Das ist der Frosch, den du sofort nach dem Aufstehen essen musst :D

Klingt abartig?

Ist es gar nicht.

In dem Buch geht es im Prinzip darum, wie du deine Aufgaben richtig priorisierst, sodass du jeden Tag ständig weiterkommst, auch wenn du unfassbar viel zu tun hast.

Das Buch haben wir erst vor kurzem gelesen und sind absolut begeistert. Der Autor gibt dir auch eine Checkliste an Fragen, sodass du genau weißt, wie du deine Aufgaben richtig priorisierst.

Hier der Link zum Buch:

http://keinlimit.coach/eatthatfrog

The Millionaire Fastlane

Das ist nochmal ein Buch, das wir unfassbar geil fanden! :D

Der Typ beschreibt nicht einfach nur wie man “reich” wird, so wie der Titel es vermuten lässt, sondern er zeigt einem den richtigen Weg zum Komplettpaket des glücklichen Lebens:

Familie & Freunde, Finanzen, Fitness & Gesundheit.

Ohne Witz, dieses Buch musst du dir UNBEDINGT holen! Es ist so unfassbar geil, dass wir dir gar nicht mehr vorwegnehmen wollen :D

Wir können aber eines versprechen: Du wirst die Welt danach komplett anders sehen!

Hier das Buch:

http://keinlimit.coach/themillionairefastlane

Rework

Wenn du dir schon Gedanken darüber machst, welchen Job du mal haben willst, dann ist das Buch das richtige für dich. Es zeigt dir nämlich die neuesten und effektivsten Wege, wie du extrem effektiv und produktiv arbeiten kannst.

Außerdem wird das Buch dir einige "Volksweisheiten" aus dem Kopf hämmern, sodass du noch schneller arbeiten / lernen / oder whatever kannst.

Auf jeden Fall sehr empfehlenswert!

Hier das Buch:

http://keinlimit.coach/rework

Wie Elon Musk die Welt verändert

Elon Musk. Sau krasser Typ.

Wenn du den Namen noch nicht kennst, kennst du vielleicht eine seiner Firmen: Tesla.

Die Firma, die die coolsten Elektroautos der Welt herstellt. Neben Tesla ist Elon Musk aber noch für zwei andere Unternehmen bekannt: SpaceX und SolarCity. Außerdem ist er einer der Gründer von PayPal, was wir heutzutage alle benutzen.

Wie wir gesagt haben, ist es der beste Weg, wenn man sich einfach anschaut, was erfolgreiche Leute getan haben und dann einfach das gleiche macht.

Elon Musk ist auf jeden Fall ein sehr interessanter Kandidat dafür (auch wenn er menschlich nicht immer vorbildlich ist :D).

Wir haben seine Biographie gehört und es ist echt unglaublich bewundernswert, was dieser Typ auf die Beine stellt.

Sein aktuelles Projekt ist einen Weg zu finden, wie wir Menschen zu einer Multiplanetaren-Spezies werden. Heißt auf deutsch: Wir Menschen sollen auf mehreren Planeten leben können :D

Das Kranke ist: Der Typ ist nicht verrückt, sondern arbeitet gerade schon an einem Plan, wie er Menschen zum Mars bringen kann und dort eine Gesellschaft aufbaut.

Und er ist nicht mehr weit davon entfernt.

Hier geht es zu seiner extrem interessanten Biographie:

http://keinlimit.coach/elonmusk

The School of Greatness

Der Autor Lewis Howes ist ein extrem cooler Typ, der eine sehr interessante Lebensstory hat. Er hat den Weg geschafft von "Auf der Couch der Schwester schlafen, wegen zu wenig Geld" bis "extrem erfolgreicher Typ mit eigenem Podcast, der sich in den Top100 Podcasts weltweit bewegt".

In seinem Buch "The School Of Greatness" fasst er die Gewohnheiten sehr erfolgreicher Menschen zusammen und das Geile: Er gibt dem Leser Aufgaben mit, die er direkt anwenden kann!

Es ist auf jeden Fall ein Buch, das sich sehr lohnt und unglaublich motiviert.

Hier ist der Link zum Buch:

http://keinlimit.coach/schoolofgreatness

PERSONEN, DENEN WIR FOLGEN

Tony Robbins

Tony Robbins ist ein Tier. Wenn man ihn sprechen hört oder eines seiner Bücher liest ist es Motivation pur. Dieser Typ schafft es wie kein anderer positive Energien zu transportieren. Er hat schon sehr viele Bestseller geschrieben, unter anderem auch 2 gute Bücher zum Thema Finanzen, und lebt mit seiner Frau in einem richtig geilen Haus am Strand. Bewundernswert bei ihm ist seine Eigenschaft immer etwas geben zu wollen. Er arbeitet eng mit Feeding America zusammen mit dem Ziel, jedes Jahr hunderttausende von Menschen vom Hunger zu befreien. Respekt Tony!

Schau dir unbedingt mal auf YouTube Interviews mit ihm an und falls du Netflix hast, check mal seine Dokumentation dort “I Am Not Your Guru”.

Instagram: @tonyrobbins

Elon Musk

Oft hört man Jungunternehmer heute sagen: “Ich will mal der nächste Elon Musk werden!”. Ganz ehrlich: Wir wollen das nicht. Elon Musk hat aus unserer Sicht zu viele Eigenschaften, die wir auf keinen Fall haben wollen. Der Umgang mit unseren Mitarbeitern und unserer Familie ist uns dafür einfach viel zu wichtig.

Elon Musk ist aber trotzdem ein riesiges Vorbild und eine große Inspiration für uns, weil er Visionär ist! Und genau das kann man von ihm lernen. Wenn alle sagen “Das geht nicht” oder “Aber das haben wir doch immer so gemacht” denkt sich Elon Musk “Fuck it, ich mach es besser!” und das ist eine verdammt geile Einstellung. Lest unbedingt mal seine Biographie, lohnt sich!

Instagram: @elonmusk

Lewis Howes

Wie schon oben beschrieben ist Lewis Howes ein echt krasser Typ. Wir folgen ihm schon länger, haben viele seiner Podcasts angehört und auch sein Buch gelesen. Er ist eine hammer Inspiration und definitiv ein Vorbild was die Lebenseinstellung - v.a. in harten Zeiten - angeht. Folgt ihm!

Geheimtipp: Es gibt auf YouTube ein Interview von Lewis Howes mit Tony Robbins!

Instagram: @lewishowes

Dwayne The Rock Johnson

Der Name sagt eigentlich schon alles: Dieser Typ ist ein fucking Tier!

Falls dir „The Rock“ gerade nichts sagt: Wir wetten du hast in definitiv schon mal in einem Kinofilm gesehen. „The Rock“ hat ursprünglich als Wrestler angefangen und daher auch seinen Künstlernamen bekommen. Inzwischen ist er einer der am besten bezahltesten Schauspieler auf der ganze Welt. Das People Magazin hat ihn sogar mal zum „Sexiest man alive“ gekürt :D

Für uns ist es auf vielen Ebenen ein extrem großes Vorbild:

Er ist extrem erfolgreich in dem was er tut und lebt jeden Tag seine Leidenschaft. Gleichzeitig schafft er es richtig hart zu trainieren und einen daher auch seinen krassen Körper. Google mal „Iron Paradise“, das ist sein eigenes Fitnessstudio in dem er immer trainiert.

Und obwohl „The Rock“ so extrem erfolgreich ist, schafft er es überhaupt nicht abgehoben zu wirken. Guck dir mal auf Instagram Videos an, wie er mit Fans umgeht und redet. Man merkt total, dass er dankbar für das ist, was er sich selbst aufgebaut hat.

Wenn ihr Motivation braucht, folgt „The Rock“. Es wird sich lohnen, versprochen!

Instagram: @therock

Joe Trenk

Joe Trenk ist ein guter Freund von uns und der wohl disziplinierteste Mensch den wir kennen. Er ist quasi das perfekte Beispiel für die ganzen Prinzipien, die wir in diesem Buch erklärt haben. Joe war früher ein extrem schlechter Schüler, hat sich dann aber mit den richtigen Techniken und der richtigen Disziplin von einem 3,8er Schnitt zu einem 0,8er Schnitt im Abitur verbessert! Inzwischen ist er Unternehmer und hat seine eigene "Online-Academy" zum Thema Bestnoten aufgebaut. Seine Vision: Jedem Schüler in Deutschland zu einem 1er Schnitt verhelfen!

Check das unbedingt mal ab:

http://keinlimit.coach/joetrenk

Gary Vee

Gary Vaynerchuk (kurz Gary Vee) ist die Definition von Hustle. Er ist einer der bekanntesten Online-Marketer auf der Welt und Vorbild für viele Entrepreneure. Ursprünglich hat er mit 20 das Wein-Business seines Vaters mit Hilfe des Internets zum explodieren gebracht, inzwischen hat er mehrere Unternehmen und ist Investor in Firmen wie Uber, Snapchat und Twitter. Gary ist auf Social Media bekannt durch seine AskGaryVee Show, indem er alle Fragen zum Thema Entrepreneurship, Marketing und Motivation beantwortet.

Check unbedingt mal seinen YouTube-Kanal ab, besonders zu empfehlen ist sein Vlog "DailyVee". Wir gucken uns morgens beim Frühstück sehr oft seine Videos an, einfach um noch mehr für den Tag gepusht zu werden. Denn wie gesagt: Gary weiß wie man hustled!

Eine Notiz: Oft finden wir Gary's eingeschlagenen Weg zu stark, wir wollen auf jeden Fall in Zukunft mehr Zeit für Familie & Freunde haben. Gary ist dafür aber perfekt, wenn man schnell mal wieder Motivation braucht :-)

Instagram: @garyvee

Ryan Carson

Ryan Carson sagt dir wahrscheinlich nichts, er ist nämlich nicht die typische Internet Persönlichkeit der man folgt - ganz im Gegenteil. Ryan Carson ist Gründer und CEO von Teamtreehouse. Teamtreehouse ist eine Online-Schule bei der man mit professionellen Videos Coding lernen kann.

Der Grund ist einfach: Ryan hatte Informatik studiert und nach dem Studium gemerkt, dass er eigentlich kaum praktische Sachen gelernt hatte. Stattdessen hat er hunderttausende von Dollar in Schulden fürs Studium hinterlassen. In der USA ist es nämlich krass teuer, wenn jemand studieren will. Genau das will Teamtreehouse ändern und eine kostengünstige Alternative zum Studium schaffen: Einfach aus dem Grund, dass das Studium a) meistens nicht viel bringt und b) dafür dann noch viel zu teuer ist.

Wir folgen Ryan Carson, weil er ein großes Vorbild für uns ist was das Thema "Unternehmenskultur" angeht. Als CEO seines Unternehmens hat er unter anderem eine "no-manager-cultur" und eine "4-day-workweek" eingeführt. Konzepte die wir teilweise selbst schon mit TheSimpleClub umsetzen oder in Zukunft auch umsetzen wollen. Ryan weiß, wie man Unternehmen nachhaltig aufbaut, ohne sie groß auf zu blasen. Wie gesagt: Für uns ein riesen Vorbild!

Instagram: @ryancarson

Affiliate Disclaimer

Wir glauben, dass Transparenz extrem wichtig ist, deswegen sind wir ganz ehrlich: Einige Links in diesem Buch zu externen Produkten sind sogenannte Affiliate Links.

Was bedeutet das?

Wenn du auf so einen Link klickst und dann das Produkt kaufst, bekommen wir eine kleine Provision für diesen Kauf. Zum Beispiel kaufst du ein vorgeschlagenes Buch über Amazon, dann erhalten wir dafür wenige Prozente vom Kaufpreis. Wichtig ist: Für dich ändert sich nichts! Der Preis den du bezahlen musst bleibt gleich hoch, wie wenn du über einen anderen Link zum Produkt gekommen wärst. Das Buch kostet genauso viel wie vorher. Alle Produkte die wir empfehlen, hätten wir auch ohne diese Affiliate-Provision empfohlen. Alle Bücher haben wir selbst gelesen und alle Services nutzen wir selbst. Wir sind also zu 100% davon überzeugt, dass diese Produkte einen Mehrwert bieten. Ansonsten würden wir sie dir nicht vorschlagen. Für uns ist das Affiliate-Programm eine super Möglichkeit eine zusätzliche Einkommensquelle zu haben. Und für dich gibt es am Ende keinen Unterschied.

Uns ist es wichtig, dass du es weißt. Wenn du also die Links von uns benutzt, kannst du uns zusätzlich unterstützen. Darüber freuen wir uns natürlich sehr! :-)

Wenn du dazu irgendwelche Fragen hast, dann schreib uns sofort an. Einfach über unsere Instagram-Kanäle (***@nicoschork*** & ***@alexgiesecke***) oder über unsere Mailadresse ***support@keinlimit.coach***.

Cheers und viel Erfolg!

Nico & Alex

24188766R00123

Printed in Poland
by Amazon Fulfillment
Poland Sp. z o.o., Wrocław